# 연쇄범죄란 무엇인가

연쇄범죄에 대한 이해와 연쇄범죄 수사전문화

# 연쇄범죄란 무엇인가

연쇄범죄에 대한 이해와 연쇄범죄 수사전문화

초판 1쇄 | 2020년 11월 20일

지은이 | 김복준
기획 편집 | 박일구
디자인 | 김남영
펴낸이 | 강완구
펴낸곳 | 써네스트 브랜드 우물이있는집
출판등록 | 2005년 7월 13일 제 2017-000293호
주    소 | 서울시 마포구 망원로 94, 2층 203호 (망원동)
전    화 | 02-332-9384   팩 스 | 0303-0006-9384
홈페이지 | www.sunest.co.kr
ISBN | 979-11-90631-13-6(03330)

ⓒ 김복준

이 도서의 국립중앙도서관 출판예정도서목록(CIP)은 e-CIP홈페이지(http://www.nl.go.kr/ecip)와
국가자료공동목록시스템(http://www.nl.go.kr/kolisnet)에서 이용하실 수 있습니다.
(CIP제어번호 : CIP2020044902)

# 연쇄범죄란 무엇인가

연쇄범죄에 대한 이해와 연쇄범죄 수사전문화

김복준 지음 • 범죄학자 / 전직 형사

우물이 있는 집

차례

## 03 연쇄범죄 수사의 문제점과 개선방안

### 에필로그

# '사회적 테러'인 연쇄범죄에 대한 대비가 필요한 시점이다

1990년대에 접어들면서부터 연쇄살인이나 연쇄방화, 연쇄강도 및 연쇄강간과 같은 다양한 연쇄범죄가 빈발하면서 국민들은 언제든지 자신도 피해자가 될 수 있다는 생각에 두려움을 느끼게 되었으며 그 결과 치안부재 현상들에 대하여 직접 책임이 있는 경찰, 검찰 등 사법기관들의 직무행위가 적절하지 못하거나 발생하는 범죄에 대하여 소극적인 자세로 일관, 직무를 방기하고 있다고 판단하여 비난이 고조되고 있다. 특히 경찰에 대한 비난의 정도는 심각한 수준에 이르러 주취자들이나 범법자들이 경찰을 무시하고 폭행하는 공무집행방해 현상이 난무하고 있는 실정이다. 이러한 현상들은 결국 국가 공권력에 대한 신뢰를 떨어뜨리고 급기야 법 경시 풍조까지 만연하게 하는 원인이 되기도 한다.

일련의 범죄발생으로 인한 심각한 상황을 인식한 치안, 사법당국에서는 여러 가지 대책들을 내놓고 있으며 법학자와 범죄심리학자들을 중심으로 다양한 연구가 진행되고 있다. 우리 사회에서는 이미 유영철과 정남규 등 다수의 연쇄살인범들이 출현했다. 속칭 '발바리'로 불리는 연쇄강간범과 대상을 가리지 않고 마구 불을 지르는 연쇄방화범도 끊임없이 나타나고 있기 때문에 이들을 신속하게 검거하고 처벌하는 사법적 방안과 절차의 마련이 시급한 실정이다.

이미 대다수의 연쇄범죄자들이 체포되어 법적인 처벌을 받고는 있으나 그 처벌수위에 대한 논란부터 재범 방지를 위한 대안, 사회적 갱생 및 교화 방법 등에 대해서는 많은 논란이 있어 왔다. 이러한 논란이 지속되는 가운데 각종 대책과 연구들이 발표되고 있으나 중구난방(衆口難防) 식으로 정리되지 못한 설익은 대책, 어설픈 연구들이 오히려 혼란을 야기하는 현상도 나타나고 있다. 해당 정부기관들은 눈앞의 상황을 모면하기 위해 땜질식 처방을 대책으로 제시하기도 하였고 그러한 기관들의 의뢰를 받은 연구자 역시 요구받은 한도 내에서 무성의하고 근거가 부실한 연구결과를 발표하여 오히려 혼란을 부추기기도 했다. 이에 현장 수사관으로 복무했던 필자는 복잡다양하고 실익이 없는 대책과 연구를 정리해야 한다는 필요성을 누구보다 절실하게 느껴왔다.

연쇄범죄의 발생은 범죄자들의 법 경시를 확실하게 보여 주는 사례라고 할 것이다. 법의 핵심은 다수의 선량(善良)한 사회구성원을 보호하는 것이다. 너무나 당연한 이야기일 수도 있겠으나 이 당연한 이야기를 제대로 구현하지 못하여 시민들이 범죄의 피해로부터 자유롭지 못한 상황을 초래하게 된 것이다. 특히 연쇄범죄는 동일한 특징을 가진 집단이나 개인을 대상으로 범행을 저지르는데, 피해자의 대부분은 사회적 약자(弱者)에 속하는 사람들인 경우가 많다.

범죄가 없는 사회가 가장 살기 좋은 사회라는 것은 맞는 말이다. 하지만, 현실적으로는 가능하지 않은 일이기 때문에 지속적으로 발생하는 범죄에 적극적으로 대처하는 것과 함께 이를 예방하기 위한 노력이 필수적이다. 연쇄범죄를 저지르는 가해자들은 정서적으로나 정신적으로 일반인과는 아주 다른 특성들이 드러내며, 이러한 특성이 사람들의 상식을 벗어나는 범죄를 저지르는데 많은 영향을 미치는 것으로 알려져 있다. 나중에 다루겠지만, 상당수의 법학자와 범죄심리학자들이 일반 범죄자들과는 다른 연쇄범죄자들의 특성들에 대해서 분석하고 연구한 결과물들을 다수 내놓고 있으며, 지금도 많은 연구들이 진행되고 있다.

인권과 다양성을 존중하는 사회가 선진화된 사회이다. 그렇지만 현대 사회에서 다양한 인권을 어떻게 철저히 보장할 것이며, 나아가 사회적 약자들을 상대로 무작위로 가해를 하는 연쇄범죄자들의 인권을 어느 선까지 보장하여야 할 것인가의 문제는 간단하게 해결하기 어려운 난제가 아닐 수 없다. 연쇄살인(Serial Killing)과 연쇄방화(Serial Arson), 연쇄성(性)범죄(Serial Sex Crime), 연쇄절도(Serial Theft), 연쇄강도(Serial Robbery) 등의 연쇄범죄는 상습범죄와는 분명히 다르며 사회적으로 미치는 파장 역시 만만치가 않다. 저녁에 퇴근하는 부녀자를 상대로 하여 연쇄범죄가 발생하는 지역은 실제로 지가가 하락하거나 주택가격이 하락했을 뿐만 아니라, 학군의 수준까지도 하락하는 등의 보이지 않는 간접적 피해를 경험하게 된다. 이것이 더욱 확대되면 국가 전체의 신뢰성과 사회적 활동성을 저해하는 원인으로 작용할 수도 있다. 특히, 범인이 검거되기는커녕 수사기관이나 사법기관을 무시하는 태도로 계속 범행을 저지르는 경우에는 국민 전체가 법에 대한 불신과 불만을 가질 수 있다는 점에서 광범위하게는 '사회적 테러'로 볼 수도 있다.

실제로 국내에서 검거된 지존파와 같은 경우에 사회적 불만을 연쇄살인범죄의 수행을 통하여 표출하였으며, 이 이외에도 여러 사건들이 지속적으로 발생한 바 있다. 대표적인 연쇄범죄로서 연쇄살인을 들 수 있는데, 유영철과 온보현, 지존파, 정남규 등으로 대표되는 연쇄살인사건이 국내에서 발생하면서 범죄수사 분야 중 연쇄살인에 대한 수사 기능적 대응방안을 신속히 구축해야만 한다는 의견이 대두되고 있다.

이미 다수의 연쇄살인범죄가 발생하였던 일본이나 미국 등에서는 이미 1970년대부터 각종 문제제기와 더불어 활발한 연구가 진행되어 왔으며, 대책 수립에 대해서도 이미 어느 정도 정립단계에 접어들었다고 할 수 있다. 그러나 우리나라는 연쇄살인이라는 엽기적인 범죄행위에 대하여 그동안 너무 소극적이고 소홀히 대응하여 왔다고 할 수 있으며 더구나 학문적인 연구는 아주 미미한 수준에 머물러 있다.

최근에 이르러서야 연쇄살인에 대해서 많은 학자들이 관심을 가지고 다양한 관점에서 연구를 하고 있지만, 실무영역에 대한 부족함에서 기인한 사유로 지금까지 제대로 된 연쇄살인 관련 연구가 제자리를 잡지 못하고 있으며, 단지 단순한 학문적인 연구 혹은 특이한 범죄에 관하여 흥미적인 관점에서만 바라볼 뿐, 정작 범죄수사라는 관점에서는 이를 분석하고 연구하는 태도를 보이고 있지는 않다. 이런 현상의 원인은 현장을 경험한 수사관에 의한 연구가 대단히 미진한 우리나라의 환경에서 찾을 수 있을 것이다.

연쇄살인(Serial Killing or Serial Murder)은 사회병리현상의 극단적인 형태로서 사람을 살해하는 살인행위와는 형식만 동일할 뿐 내용적인 부분에서는 극도로 고도화된 일종의 '사회적 테러행위'라고 할 수 있다. 또한 그 범죄를 모방한 범죄 혹은 유사한 범죄가 발생하는 등 일반적인 범행의 틀을 훨씬 초과하는 아주 잔혹한 사건의 내용으로 인하여 사회 전반에 미치는 충격, 사회심리적 부작용의 극대화 등 실로 무수히 많은 문제점들을 드러내고 있는 실정이다. 더욱이 언론 매체에서 이를 적극적인 소재로 활용하는 과정에서 선정적, 자극적인 내용으로 보도 및 방영을 하여 오히려 사회병리학적으로 부정적인 파급효과를 강화하고 있어 매우 심각하며, 지역사회의 불안조성과 시민의 범죄에 대한 두려움의 증폭, 사회구성원 간의 불신의 초래, 경찰이나 검찰과 같은 법집행기관의 업무 과부하 초래 등과 같은 여러 문제점을 불러일으키고 있다.

앞으로 연쇄범죄수사 분야에 대한 별도의 연구를 수행하여 적절한 예방책 및 수사대응책을 마련하지 않는다면 제2, 제3의 유영철, 연쇄강간범죄자인 속칭 '발바리', 무작위 연쇄방화범 등이 나타나서 우리 사회는 범죄에 대한 불안과 충격에 빠지게 될 것이며 이는 결과적으로 사회의 안정성을 해치는 주요한 요소로 작용할 것이다. 따라서 범죄수사학(Criminal Science)적 관점에서 연쇄범죄에 대한 수사기능과 제도의 구축과 적절한 방안의 마련이 시급하게 이루어져야만 할 것이다. 아울러 연쇄범죄를 수행하는 전문수사관(Special

Investigator)의 양성 및 프로파일러(Crime Profiler)의 양성을 통해서 미국이나 일본 수준의 연쇄범죄 수사체제를 구축하는데 전력을 다해야 할 것으로 판단된다.

범죄학, 법학적인 관점에서 연쇄범죄의 법적 구성요건과 일반적인 범죄사안과는 다르게 보아야 할 부분을 체계적으로 도출, 구성하여 보고 이를 바탕으로 하여 별도의 법적 처리와 처벌절차를 만들어야 할 필요성도 있다고 생각된다. 범죄라 해서 모두 동일한 내용은 아니며, 처벌이나 처우, 교정 및 사회 내 관리 등에 있어서 별도의 특수성과 차등성을 가져야만 이러한 유형의 범죄가 많이 발생하는 것을 막을 수 있다. 다시 말하지만, 분명히 연쇄범죄는 일반범죄와 아주 다른 패턴을 보인다. 그 수법이나 범행동기, 피해자의 숫자 등에 있어 현격한 차이를 보이고 그 범죄로 인한 피해자나 그 가족의 충격 정도는 상상을 초월하며 이를 지켜보는 국민들의 충격 또한 엄청나다. 연쇄범죄에 대한 예방책, 수사, 검거 후의 처벌이나 처우 등이 제대로 정립되지 못한다면 그 부작용은 실로 막대할 것이다. 더욱이 날로 흉포화, 전문화 되는 연쇄범죄 현상에 대해서 손을 놓는다면 그 피해는 우리 사회구성원 전부가 같이 받아야 하는 상황인 것이다.

연쇄범죄의
정의와 심리적 단계

01

# 1. 연쇄범죄의 일반적 정의

## (1) 연쇄범죄연구의 필요성과 정의

### ① 연쇄범죄연구의 필요성

연쇄범죄에 대한 연구가 진행된 것은 역사적으로 18세기부터이다. 영국이나 프랑스, 미국을 중심으로 연쇄적인 살인사건이나 연쇄강간사건, 연쇄방화사건이 발생하면서 그 원인을 찾고 범인을 특정화하기 위한 차원에서 이에 대한 연구가 시작되었으며, 20세기에 들어오면서 연쇄범죄에 대한 연구들이 다수의 학자들에 의해 진행되고 좋은 결과물들이 속속 나오게 되었다. 연쇄범죄를 연구하고 이를 이해하며, 수사나 재판과정, 교정과정에 적극적으로 활용하기 위해서는 일반적인 단순범죄와 연쇄범죄의 특성을 구분하여 볼 필요성이 있다.

우리나라는 유영철이나 정남규와 같은 희대의 연쇄살인마가 나타나면서 연쇄범죄에 대한 관심과 연구가 시작되었으나 역사적으로는 조선시대에도 연쇄살인이나 연쇄방화와 같은 범죄가 있었던 것으로 기록되어 있다. 연쇄범죄와 관련한 연구는 상당수가 미국의 형사법학계를 통하여 진행되어 왔다고 해도 과언이 아닐 정도로 많은 연구물들이 나왔는데, 이는 미국에서 발생한 연쇄강간이나 방화, 살인범죄의 숫자가 다른 국가들에 비해서 월등하게 많기 때문인 것으로 알려져 있다.

단적인 예로서 1980년대에 미국의 연쇄살인범죄를 연구한 레슬러Ressler 등의 주장에 따르면 1980년대 중반을 기준으로 최소한 35명 이상의 연쇄살인범들이 미국 내에서 활동하고 있으며, 이들에 의해서 한해 5,000명 가량이 살해되거나 살해시도를 경험하고 있다는 충격적인 보고를 내놓기도 하였다. 리네데커Linedecker와 버트Burt는 앞의 연구결과보다 더 심각한 연쇄범죄의 문제점을 지적하였는데, 미국 내에서 발생하는 전체 살인범죄의 3분의 1가량이 연쇄살인범들에 의해서 저질러지고 있으며, 수사기관이나 경찰기관이 개별 범죄가 가지는 연결성이나 연쇄성에 대해서 인지하지 못함으로 인해 단순히 1회적 살인사건으로 생각하고 지나치는 경우가 허다하다고 주장하기도 하였다.

연쇄범죄의 문제점과 관련하여 여러 가지 이야기가 있지만 학문적 연구의 필요성과 관련해서는 크게 세 가지로 나뉜다. 첫째, 연쇄적인 범죄의 발생으로 인해 많은 사회적, 물적, 인적 피해가 발생하기 때문에 범인을 최단시간 내에 잡기 위한 목적에서 연쇄범죄의 특징과 범죄자의 특성, 예상되는 추가범행 등을 예견할 수 있는 일종의 틀을 만들어야 한다는 것이다. 연쇄범죄에 대한 연구를 소홀히 할 경우에는 연쇄범죄자를 잡기가 어려우며,

수사관의 감이나 개별적인 범죄에 대한 사건분석만으로는 이들을 찾아내고 처벌하는 것이 어렵다. 가장 빠른 검거가 연쇄범죄에 대한 최상의 예방책이라는 이야기가 있듯이 연쇄범죄의 기법과 범죄자의 특정화, 그리고 범행특성이나 지리적 연관관계 연구 등을 통해서 신속하게 연쇄범죄자를 잡을 수 있는 도구와 방법을 고안하기 위해서도 연구가 필요하다.

둘째, 연쇄범죄를 방치할 경우 추가적인 모방범죄가 발생하기 때문에 새로 추가된 사건이 원래의 범죄자에 의해서 저질러진 것인지 아니면 다른 새로운 범죄자가 모방적으로 유사한 유형의 범죄를 저지른 것인지를 구분하기가 어렵다는 것이다. 따라서 연쇄범죄에 대한 연구와 패턴의 정리, 그리고 성격을 기준으로 하는 원범죄(原犯罪)와 모방범죄 사이의 차이점을 구분하기 위해서도 연쇄범죄에 대한 심층적인 연구가 필요하다.

셋째, 연쇄범죄는 사회 내의 갈등과 문제점들이 점철되어 발생하는 최종적인 범죄의 양태로 볼 수 있다는 것이다. 따라서 이에 대한 연구를 통해 더이상 동일한 유형의 범죄행위가 발생하지 않도록 막기 위한 방안들을 강구할 수 있으며, 아울러 이렇게 강구된 방안을 적용함으로써 많은 피해자의 발생을 미연에 막을 수 있다는 점이 중요하다. 물론 이에 대한 효용성에 의문을 제기하는 경우도 있기는 하지만 무엇보다도 잠재적 피해자의 발생을 막아야 한다는 대원칙 하에서 본다면 반드시 진행되어야만 하는 연구 분야로 생각된다.

## ② 연쇄범죄의 역사적 어원

연쇄범죄라는 용어가 나온 것은 그리 오래 되지 않았다. 연쇄범죄의 전형이라 할 수 있는 연쇄강간이나 연쇄방화, 그리고 연쇄살인이 전 세계적으로 학문적 연구대상으로서 관심영역으로 떠오른 것은 1970년대 후반부터였으며, 특히 한 번의 사건이 발생했을 경우에도 사회적으로 큰 피해와 후유증을 남긴다는 점에서 집중적인 연구가 진행되었다. 가장 먼저 연쇄범죄와 관련한 연구를 수행한 국가는 미국으로서 1970년대 후반부터 시작하여 1980년대에 들어오면서 관련한 연구결과물들이 속속 등장하였다.

미국 대공황기에 40여명의 소녀를 납치하여 살해한 후 인육을 먹었던 앨버트 피쉬Albert Fish라는 연쇄살인범도 당시에는 연쇄살인범이라는 호칭으로 불리지 않았으며, 그 이후에 나온 여러 명의 연쇄범죄자들에게도 이 호칭은 사용되지 않았다. 연쇄범죄라는 명칭은 미 연방수사국에서 가장 먼저 사용되기 시작하였는데, 미 연방수사국 행동과학 연구센터의 초창기 멤버였던 레슬러가 '연쇄살인(Serial Killer)'이라는 용어를 사용하면서부터 연쇄범죄라는 명칭이 등장하였다. '범죄'라는 단어에 본격적으로 '연쇄(Serial)'라는 단어를 붙임으로서 지금의 형태인 연쇄범죄라는 명칭이 정립되게 되었으며, 1974년부터 1979년도까지 30명 이상의 여성을 잔혹하게 살해한 테드 번디Ted Bundy부터 연쇄살인범이라는 명칭이 공식적으로 적용되었다.

연쇄살인이라는 단어가 탄생하면서 속속 연쇄강간, 연쇄강도, 연쇄방화, 연쇄은행강도 등의 파생적 단어들이 탄생하였으며, 이를 통합적으로 부르는 개념으로서 연쇄범죄라는 용어가 나오게 되었다. 이전에도 'Serial'이라는 단어가 사용되기는 하였지만 'Murder'라는 살인범죄에만 지엽적으로 사용되었을 뿐이며 다른 기타의 연쇄범죄에는 좀처럼 사용되지 않았다. 우리나라에서도 연쇄강간이나 연쇄방화, 연쇄살인 등의 용어가 사용되기 시작한 것은 1980년대부터인 것으로 알려져 있을 정도로 용어가 널리 대중화된 것은 얼마 되지 않는다.

### ③ 연쇄범죄의 일반적 정의

연쇄범죄의 정의에 있어서 제일 중요한 요소는 범죄와 피해자의 숫자이다. 이를 놓고 많은 형사학자들 간에 수 십 년간 논란과 논쟁이 있었지만 명쾌하게 결론을 내리지 못했다. 그 과정에서 다수의 연쇄범죄가 발생했고 이를 연구하는 과정에서 의견이 모아졌고 그 결과 통일적으로 정의를 내리게 되었다고 보는 것이 일반적 견해이다.

연쇄범죄에서 얼마만큼의 피해자가 발생해야 하는지를 정리하는 것이 우선적으로 선결되어야 하는 부분이며, 이를 기준으로 하여 연쇄범죄의 범위를 특정화 하여 연구의 대상으로 삼을 수 있다. 대부분의 사람들은 연쇄살인이나 연쇄강간, 연쇄방화라는 표현을 사용하고 있지만 실제로 그 숫자가 어느 정도에 이르러야 연쇄범죄로 불리는지를 제대로 알지 못하고 있다. 이는 수사관이나 검사, 법관도 마찬가지로서 3명 이상의 피해자가 발생하면 연쇄범죄인지 아니면 10명 이상의 피해자가 발생해야 연쇄범죄인지를 제대로 알지 못하고 있다. 막연하게 3명 이상의 피해자가 개별적으로 시차를 두고 범죄피해를 입는 경우에 연쇄범죄라고 부르고 있지만 이 역시 추정적인 정의일 뿐이면 완벽한 정의라고 보기는 어렵다.

가장 대표적으로 연쇄범죄의 개념과 범위를 규정한 학자는 홈즈Holmes였다. 그는 3명 이상의 피해자가 개별적으로 3개 이상의 사건에서 발생하는 경우를 연쇄범죄로 규정하였다. 다시 말해서 3건 이상의 범죄사건이 발생함과 동시에 각 사건에서 1명 이상의 피해자 또는 피해발생 장소가 존재하는 경우를 연쇄범죄라고 본 것이다. 유사개념의 비교 부분에서 다루겠지만 다중범죄 등의 개념과는 다른 내용으로서 그에 의해 명확하게 연쇄범죄에 대한 정의가 내려졌다는 의미를 둘 수 있다. 피해자만을 기준으로 놓고 보았을 때, 4명 이상설, 5명 이상설, 2명 이상설 등등이 혼재하고 있지만 대부분의 형사, 사법기관이나 형사학자들은 개별적 피해자 3명 이상설을 보편적으로 따르고 있는 실정이며, 우리 나라 역시 이 기준을 따르면서 연구를 진행하고 있다. 이와는 다른 의견도 있다. 대표적으로 젠킨스Jenkins와 같은 학자는 연쇄범죄로 보기 위해서 최소한 4명 이상의 피해자가 한 가해자에 의해서 발생해야 하며, 3명이라는 숫자는 연쇄범죄의 범위를 지나치게 넓히는 결과를 초래한다고 주장하였다. 아울러 연쇄범죄를 정의하는 과정에서 피해자의 기준 숫자를 3명에서 4명으로 높일 경우 전체 연쇄범죄의 50% 정도가 연쇄범죄의 범주에서 제외된다는 점도 제시하였다.

연쇄범죄를 연구하고 수사하며, 재판하고, 교정하기 위해서는 그 범위를 사전에 정하는 것이 필수적인 요소이다. 그리고 이에 따른 정리과정을 통해 순수하게 범위 안에 들어가는 사건만을 대상으로 조사와 연구를 수행함으로써 연구의 복잡성과 난맥상을 어느 정도 해소할 수 있을 것이다. 이 책에서도 미국범죄학회(American Society for Criminology)의 기준인 3명설에 기준을 두었다.

## (2) 연쇄범죄의 개념에 대한 비판

### ① 연쇄범죄 개념 자체에 대한 비판

연쇄범죄의 개념에 대해서 그 자체를 부정하거나 비판하는 학자들 역시 존재하고 있다. 대표적으로 시어스Sears라는 형사학자는 연쇄범죄, 그 가운데에서도 특히 연쇄살인범죄에 있어서는 이에 대한 사회대중의 환상과 미신이 존재한다면서 기존의 연구들이 소설과 같이 진행된 부분이 있다는 비판을 하였다. 시어스는 많은 사람들이 심심할 때 이야기 할 수 있는 소재거리를 원하고 있으며, 이 이야기의 주제로 가장 적합한 것이 사회적인 공감대가 형성될 수 있는 연쇄범죄라고 보았다. 대중언론은 시청률이나 청취율, 조회수를 기준으로 하여 광고를 하여 판매 수익을 창출하고 있다. 기존의 식상한 소재를 가지고는 이러한 광고판매를 위한 고객들의 콘텐츠 소비율을 높이기가 어려우며, 실제로 많은 수의 매체가 존재함으로 인해 획기적인 내용이 아니면 광고주들을 만족시키기가 어려운 상황이다. 이에 가장 좋은 소재로 쓰이는 것이 다름 아닌 연쇄범죄이며, 일종의 신화까지 가미하여 부풀리기를 함으로써 사회혼란을 조성함은 물론 결과적으로 해당 연쇄범죄를 저지른 범죄자를 영웅이나 신화적인 존재로 만드는 상황이 되어버렸다는 것이다.

실제로 경찰이나 수사기관이 수사과정에서 밝혀낸 내용이 아닌 것까지 추가되어 언론에 보도되는 경우가 허다한 실정이며, 이는 결과적으로 연쇄범죄를 미화(美化)하는 상황까지도 초래하게 된다. 시어스는 지속적으로 모든 사회는 연쇄범죄가 발생하게 되어 있고, 이에 대해서 매스미디어는 보다 자극적이면서도 강렬한 내용을 대중들에게 제공하기 위해 노력할 것이라면서 자칫 이러한 경향에 대해서 자정적 기능이 존재하지 않을 경우에 연쇄범죄자를 신비로운 사람이나 전지전능(全知全能)한 존재로 만들 수 있는 가능성이 아주 크다는 점을 경계하였다. 따라서 연쇄범죄와 관련한 연구를 수행하는 경우에 반드시 사건과 범죄자, 그리고 이들로 인해 심각한 피해를 입은 범죄피해자에 대해서 냉철하고 정확한 내용파악 작업이 지속적으로 이뤄져야만 하며, 사실에 기인한 자료를 제공하고 학자들도 신비주의적 관점에서 벗어나서 사회 암적인 존재로서 연쇄범죄자를 바라보고 이에 대한 연구를 지속해야 할 것을 주문하였다. 실제로 많은 연구자와 전문가들이 이러한 관점이 중요함을 역설하고 있을 뿐만 아니라 우리나라의 연구자들 역시 연쇄범죄자를 대단한 사람으로 미화하기보다는 이들의 수법과 문제점에 대해서 지적하고 반성하는 태도를 보이고자 노력하고 있다.

## ② 허구성과 미화성에 대한 비판

허타카Hertica는 연쇄범죄와 관련하여 시중에 떠도는 내용들 가운데 거의 90% 이상이 소설가나 영화작가들에 의해서 만들어지는 허구적인 것들이라며 비판하였다. 실제 우리가 아는 연쇄범죄와 관련한 내용이나 범죄자와 관련한 내용들 대부분이 영화나 소설에 나온 내용들이라는 점은 분명하게 비판받을 수 있는 요소라고 생각된다. 허티카는 형사학적인 관점에서 보았을 때, 연쇄범죄는 소재의 빈곤이라는 단점을 가지고 있음에도 불구하고 많은 대중들의 관심을 끌 수 있는 상반된 요건을 갖추고 있다고 주장하였다. 때문에 빈약하거나 단순한 내용을 보다 극적 반전을 갖추도록 하기 위해서 대중이 원하는 선정성을 부각하며 논리적으로나 사실적으로 말이 안되는 내용으로 각색하게 되는 경우가 많음을 지적하였다. 연쇄범죄와 관련한 소설이나 영화의 내용을 보면, 거의 완벽에 가까운 범죄 계획과 시나리오를 가지고 피해자를 공격하는 천재적 범죄자가 나오며, 이를 잡기 위해 노력하는 주인공이나 퇴치하는 최후의 생존자가 나온다. 특히, 친구들이나 주변의 여러 지인들을 하나 둘씩 살해하는 연쇄살인범이나 특정한 건물이나 특정 피해자만을 대상으로 하는 연쇄강간범, 연쇄방화범이 소설이나 영화에서 나오고 있지만 현실에서 이러한 경우를 찾는 것은 불가능하다. 그만큼 연쇄범죄에 대한 연구는 소설이나 영화의 내용과는 완전히 상반되는 것이며, 범죄라는 요소와 연쇄성이라는 요소를 교차하여 공통분모로서의 연쇄범죄를 수사하고 처벌하는데 중심을 두는 것이 본서의 직접적인 목적이라 할 수 있다.

## (3) 유사개념의 정의와 구분

연쇄범죄에 대한 연구에 있어서 주의해야 할 개념이 존재한다. 연쇄범죄와 연속범죄, 그리고 다중범죄에 대한 개념적 구별이 그것인데 이를 제대로 구별하지 못할 경우에 연구에 혼란이 올 뿐만 아니라 연구과정의 장애를 초래할 수 있다. 이에 대하여 최초로 구분을 한 학자는 버제스A. W. Burgess로서 그의 저서인 『범죄분류메뉴얼(Crime Classifi cation Manual)』에서 세 가지의 개념을 명확하게 정리하였다. 그가 정의내리기 이전까지 이 세 가지 개념이 혼재하는 상황이었다는 점에서 연구의 초점이 흐려지는 문제가 발생하였으며, 연쇄범죄와 연속범죄(계속범죄), 다중범죄(대량범죄)가 중첩되어 연구의 결과물들이 충분한 성과를 거두지 못하는 문제점도 나타났다.

### ① 연쇄범죄(Serial Crime)

연쇄범죄는 일반적으로 범죄자가 의도적으로 수차례의 범죄를 일정한 냉각기 또는 휴식기를 갖고 다시 범행을 저지르는 경우를 말한다. 냉각기 또는 휴식기로 불리는 시간적인 간격은 수일에서 수주일일 수 있으며, 심할 경우 수년에 한 번씩 동일한 유형의 범죄를 저지르는 경우도 발생한다. 냉각기 또는 휴식기로 불리는 기간의 존재가 연쇄범죄와 연속범죄, 다중범죄를 구분하는 중요한 요소로 인식되고 있다. 다음으로 중요한 요소가 사전 계획성이다. 연쇄범죄는 개별적인 범죄를 수행함에 있어서 사전적으로 치밀한 계획을 하고 이에 따라서 준비하는 속성을 가진다. 때문에 냉각기 또는 휴식기 역시 계획에 따라서 기간이 정해지며, 특히 경찰이나 수사기관의 수사망을 피해가거나 수사의 초점이나 중심을 흩트리기 위한 목적에서 냉각기나 휴식기를 적극적으로 활용한다. 사전 계획성이 전혀 없는 연쇄범죄는 거의 존재하지 않는다고 보는 것이 학자들의 견해이며, 다만 연쇄방화는 상대적으로 계획성이 낮은 경우에 해당된다고 할 수 있다. 그렇다 하더라도 연쇄범죄에서는 사전 모의성 또는 계획성이 중요한 변수이자 요소로 작용한다는 것이 일반적 견해이다.

## ② 연속범죄(Spree Crime)

　연속범죄는 연쇄범죄와는 다른 개념으로서 통상적으로 범죄자가 냉각기 또는 휴식기를 가지지 않고 2개소 이상의 범행장소에서 3명 이상의 피해자에게 가해를 하는 경우를 말한다. 대표적으로 과거에 '우순경 총기난동사건'을 들 수 있는데 1982년 4월에 경상남도 의령경찰서에서 근무하던 우○○(당시 27세) 순경이 동거녀와 말다툼 끝에 화를 이기지 못하고 본인이 근무하던 지서에서 총기와 실탄을 훔쳐내 주민에게 난사하여 56명이 사망하고 34명이 부상을 입은 사건이다. 범행이 순차적으로 물 흐르듯이 진행되면서 엄청난 사상자를 발생시킨 이 사건은 연속범죄의 대표적 유형이다. 연속범죄는 대부분이 우발적으로 발생하여 범인이 검거되거나 사살되는 경우에만 종결된다. 더욱이 범인이 피해장소를 옮겨가면서 범행을 저지르기 때문에 피해자의 숫자가 엄청나게 발생한다는 점에서 사회적 참사인 경우가 상당수이다. 우순경 총기난동 사건 이외에도 미국에서 연속적으로 발생한 학교 총기난동사건 등이 전형적인 연속범죄의 유형이며, 모방성이 강하다는 부분도 큰 문제가 되고 있다. 연속범죄는 냉각기 또는 휴식기 없이 계속적으로 발생하기 때문에 이를 계속범죄(Continuous Crime)이라고 부르기도 한다.

## ③ 다중범죄(Mass Crime)

　다중범죄는 앞에서 제시한 연쇄범죄나 연속범죄와는 또 다른 개념이다. 한 장소에서 냉각기 또는 휴식기가 없이 3명 이상의 다중피해자가 발생하는 경우에 이를 다중범죄라고 부르고 있다. 외관상 보았을 때 연속범죄와 다중범죄가 동일하게 보일 수 있겠지만 미 연방수사국의 정의에 따르면 일반적으로 장소의 이동이 발생하지 않고 한 장소에서 많은 피해자가 발생하는 경우를 다중범죄라고 규정하고 있다.

다중범죄는 인질범죄나 은행강도범죄, 특정 시설물을 대상으로 한 방화범죄에서 많이 발생하며, 이슬람권 국가에서는 자살폭탄공격과 같은 내용들이 다중범죄의 예에 해당한다고 볼 수 있다. 2007년 4월에 미국 버지니아 공대 재학생이던 조승희가 캠퍼스 내에서 총기를 난사해 32명의 학생이 사망한 사건이 발생하였는데 이 사건도 전형적인 다중범죄로 볼 수 있다. 우순경 사건의 경우 마을을 이동하면서 총기를 난사한 반면, 조승희는 좁은 지역 내에서 집중적으로 피해자를 만들어냈다는 점에서 연속범죄 보다는 다중범죄의 성격이 강한 것으로 판단된다. 다중범죄는 특성상 총기범죄나 폭탄공격이 대부분이다. 칼이나 자상이 가능한 흉기를 동원할 경우에 특정 장소에서 다중의 피해자를 발생시키기가 어렵다는 점에서 다중범죄가 발생하기 위해서는 총기 사용이 필수적이라고 볼 수 있다. 우리나라에서는 좀처럼 발생하기 어려운 범죄이지만 우순경 사건이나 전방 소초 총기난사사건과 같이 총기를 취급하는 장소에서는 얼마든지 충분하게 발생 가능하다는 위험성을 가진다.

### ④ 난동범죄(Rampage Crime)

연속범죄와 다중범죄가 많이 발생하면서 이에 대한 연구를 수행하는 과정에서 두 가지 개념이 중첩되는 성격의 사례들이 발견되었다. 통상적으로 새로운 학문적 용어정의는 학자들이 내리는 것이 일반적인데《뉴욕 타임

즈》는 컬럼바인 고등학교 사건 1주년 추모기사에서 학교에서 총기난동을 벌이다 체포되거나 사살된 범죄자들의 성향을 분석하여 별도로 'Rampage Crime'이라는 명칭을 붙였다. 이를 우리말로는 발작범죄, 또는 난동범죄로 부르고 있는데, 이는 순간적인 심리적 발작상황 또는 삭히지 못할 정도의 분노의 표출로서 다수의 피해자를 대상으로 하여 특정 장소에서 범죄를 저지르는 경우를 의미한다. 총기난사사건이나 차량돌진사건 등이 전형적인 난동범죄의 예라고 볼 수 있으며, 우리나라에서도 1991년도에 발생한 여의도 광장 차량돌진사건을 전형적인 사례로 들 수 있다. 1991년 10월에 나쁜 시력으로 인해 직장에서 퇴사당한 김○○(20세)가 훔친 차량을 몰고 여의도 광장으로 돌진하여 자전거와 롤러스케이트를 타고 있던 행락객들을 공격하였으며, 이 사고로 2명이 사명하고 140여 명이 부상을 입는 참사가 발생하였다. 검거된 범인은 자신이 세상으로부터 받은 불평등에 대한 분노를 세상에 알리고 복수를 한 후, 자살하려 했다는 진술을 하였다. 이는 외국에서 발생하는 학교나 직장에서의 총기난사 사건과 동일한 유형으로 분석된다. 난동범죄는 특정 장소에서 다수의 피해자가 발생하며, 그 원인으로서 본인이 참기 어려운 분노와 원한, 미움이 존재한다는 특성이 있다. 사회적 테러의 성격이 강한 경우에 난동범죄로 분류한다.

# 2. 연쇄범죄의 심리단계별 특성

　연쇄범죄자들이 가지는 중요한 특성으로서 심리적인 단계가 존재한다. 특히 연쇄살인범죄자들은 어느 정도 정형화된 절차를 거치는 것으로 연구되고 있으며 실제로 검거된 후 범행진행과정을 확인하면 약간의 차이는 있을지언정 일정한 패턴을 되풀이하는 것으로 드러났다. 연쇄살인범죄자와 연쇄강간범죄자의 경우는 살인과 강간이 겹치는 경우가 대다수로서 심리단계별 특성이 거의 유사하다고 할 수 있다. 다만 연쇄방화범의 경우에는 꼭 7단계의 준비과정을 거친다기보다는 순간순간 우발적 범행동기와 무작위 대상 선택에 좀 더 치중되는 현상이 확인되기도 한다. 연쇄방화범의 심리단계에서 일부 예외를 인정한다고 하여도 연쇄살인과 연쇄강간의 경우는 아래와 같은 일정한 범죄단계를 거치면서 범행이 이루어진다는 점을 착안하며 부연하고자 한다. 연쇄범죄자들은 단순하게 바로 범행에 들어가지 않으며 철저한 준비 또는 자신의 평상시 패턴을 기준으로 하여 범행을 준비, 착수, 결행, 정리, 재시작하는 과정을 거치게 된다. 형사정책이나 범죄학에서 연쇄범죄의 7단계설을 정설로 받아들이는 것은 대부분의 연쇄범죄 수사과정에서 범인들이 동일한 과정을 거치는 것이 어느 정도 검증되었기 때문이다.

## (1) 심리적 준비(The Aura Phase)

연쇄범죄자들의 1차적 과정으로 심리적 준비단계가 있는데, 연쇄범죄자들이 범행을 시작하고자 하는 심리적인 변화가 발생하기 이전까지는 누가 보아도 지극히 정상적인 '이웃집 주민'에 불과하다. 지극히 정상적이고 심지어 그 사람이 그 집에 살고 있는지조차도 인식되지 않을 정도로 조용한 경우도 있고 이웃에게 늘 상냥하며 인사를 잘 하는 정중한 사람으로 인식되기도 한다. 즉, 범행을 하겠다는 심리적인 변화가 발생하기 전까지는 아주 정상적인 사회생활을 하기 때문에 누구도 연쇄범죄자가 될 것이라는 예측이 불가능하다. 물론 모든 연쇄범자의 생활태도와 유형이 동일한 패턴을 반복하는 것은 아니라고 하여도 연쇄범죄자들은 일상생활에서는 거의 정상적인 모습으로 보여진다. 그렇지만 어느 순간 갑자기 심리적인 변화가 나타나면서 또 다시 새로운 범행을 하기 위한 심리적 준비단계가 나타나는 것이 일반적이다. 이들이 심리적 준비단계에서 느끼게 되는 현상들은 사람에 따라 각양각색이지만 대체적으로 나타나는 내용을 정리하면 다음과 같다.

첫째, 갑자기 시간이 느리게 가는 느낌을 받는다.

둘째, 주변의 사물이 또렷하고 정확하게 보이면서 시력이 좋아진 느낌을 받는다.

셋째, 후각과 촉각이 예민해지고 청력도 좋아지는 느낌을 받는다.

넷째로, 외부적인 자극이 없음에도 불구하고 성적인 흥분상태가 나타나며 이러한 흥분이 장시간 지속된다. 심할 경우 남성이 발기가 되어 장시간 그 상태가 지속되기도 한다.

다섯째, 자신의 흥분을 정리하기 위해 특정한 상대를 지정하여 어떠한 행동을 해야만 한다는 강박적인 사고가 지속되며, 항시 무엇인가 정리가 안 되고 부족한 느낌을 받는다.

심리적 준비단계의 이와 같은 속성과 특징들은 사람에 따라서 그 지속시간이 다르다. 어떤 연쇄범죄자는 수분 내에 이와 같은 느낌들이 정리되면서 심리적 흥분이 감소하기도 하며, 다른 연쇄범죄자는 수개월 이상 범행을 저지르기 전까지 이와 같은 심리적 사전준비상태가 유지된다. 사람마다 다른 이유는 범죄 심리적 메커니즘이 개별적으로 차이가 있기 때문이며, 이는 해당 범죄자가 저지르는 범행의 특성과도 바로 연결된다. 또한 이 단계에서는 자기만의 환각상태 또는 최면상태를 보이기도 하는데, 정신이 몽롱해지면서 마약이나 환각제 등을 복용한 느낌을 받게 된다. 만약 본격적으로 범행을 저지르고자 하는 생각을 갖게 되면 이때부터는 환각상태 또는 최면상태가 풀리는 것이 보통이다.

심리적 준비단계에서는 환각적인 사고를 하게 되며, 상당수가 성적인 판

타지와 연결된다. 따라서 현실에 대한 인지와 사물에 대한 이해, 분석능력이 당연히 떨어지며, 정상적인 직업 활동이나 일반적인 사회활동에서 비정상적인 징후가 나타난다. 회사에 지각을 하거나 업무를 전혀 수행하지 못하거나, 심할 경우에는 단기기억상실도 발생하는 것으로 보고되고 있다.

정신분석학적인 입장에서 연쇄범죄를 연구하는 형사학자들은 우선적으로 현실감각이 떨어지는 부분에 주목하고 있다. 현실감각이 떨어짐으로 인해 발생하는 외부의 이상적 징후들을 사전에 발견하고 이러한 징후를 보이는 대상자에게 심리치료나 안정제 투여 등의 약물적 치료요법을 동원함으로써 연쇄범죄의 재발을 막을 수 있었다는 보고가 많기 때문이다. 특히 심리치료의 경우에 범죄를 다시 저지르고자 하는 의도를 차단함은 물론 이러한 심리치료의 효과가 약하다고 판단되면 약물투여까지 동시적으로 시행함으로써 확실한 범죄 재시도 억제효과가 있다고 보고하였다. 이 단계에서 느끼는 환각과 환영, 환청 등은 범죄행위의 사전 시뮬레이션으로 이해할 수 있다. 꿈이나 일상적인 망상과정에 실제 저지르지 않은 차후의 범행을 진행하는 영상을 뇌를 통해 보게 되며, 이를 현실적 느낌이나 상황으로 받아들인다. 사전에 느끼거나 본 내용이 강렬한 자극까지 주는 것은 아니기 때문에 현실에서 시도하고 싶은 욕구가 발생하며, 직접적 욕구건 잠재적 욕구건 이러한 욕구가 영향을 미쳐서 본격적인 범죄 진행단계로 이어지도록 만든다. 범행을 결행하는 과정보다 사전준비단계의 자극이 적은 것이 실질적으로 연쇄범죄를 실행하게 만드는 원인이 된다. 환상에 의한 시뮬레이션적인 자극이 본인의 욕구와 욕망을 채워준다면 오히려 새로운 범행의 준비와 결행을 억제할 수도 있겠지만, 결코 충분한 수준에 도달할 수 없기 때문에 보다 강한 자극과 흥분의 만끽을 위해서 추가적인 범행을 준비하고 진행하게 된다.

온보현의 경우에는 세상을 살아가기 싫다는 생각이 들자 자신의 나이만큼 38~50명 정도의 여성을 살해하기로 마음을 먹고 실천에 옮기기 위하여 범행도구를 준비하는 등 사전 계획을 면밀히 세우기도 하였다. 이 단계에서 또 하나 추가해야 할 개념이 있는데 이는 강박적 충동이다. 강박적 충동이란 어떠한 일을 반드시 해야 한다는 강박상태에서 충동적인 행위를 정리하지 못하는 경우를 의미한다. 따라서 강박적 충동은 연쇄범죄의 도화선으로 볼 수 있으며, 이러한 충동조절 장애가 발생하면 바로 연쇄적으로 범죄를 저지르는 결과를 초래한다. 강박적 충동을 조절하지 못하고 범죄를 저지르게 되면 충동이 일시적으로 가라앉는 휴식기가 발생하며, 개별적인 차이는 있지만 휴식기가 지나가고 나면 다시금 동일한 유형의 새로운 강박적 충동이 발생한다. 일부 연쇄범죄자들이 음주상태나 약물중독상태에서 순간적으로 찾아오는 강박적 충동을 이겨내지 못하고 범행을 저지르게 되는데 이러한 범죄가 3회 이상 반복적으로 발생하면서 연쇄범죄자가 된다.

## (2) 낚시질(The Trolling Phase)

연쇄범죄의 2단계는 '낚시질' 단계이다. 낚시질 단계에 이르기 위해서는 1단계인 심리적 준비단계가 정리, 마무리 되어야만 한다. 2단계에 들어서면 살인 등 범죄를 해야 한다는 강박관념을 느끼게 되며 그때부터 다음 피해자를 찾아 나서게 된다. 평소에 겪었던 경험이나 환상 등 비정상적인 욕구가 나타나며 다음 희생자를 손아귀에 넣기 위하여 마치 낚시꾼이 물고기를 잡기 위해 사전에 밑밥을 주고 기다리는 것처럼 일정한 장소 및 적정한 포인트를 선정하여 그 자리에서 숨어서 기다리는 것이다. 이때에는 범죄자마다 자신이 선호하는 위치나 환경이 있다. 방범등이 꺼져 있거나 아예 설치가 되지 않은 어두운 골목길, 아파트나 공원 등의 인적이 없는 지하 주차장, 사람의 통행이 빈번하지 않은 논둑길이나 산길, 인가와 멀리 떨어져 있는 한적한 어린이 놀이터, 청소년들의 출입이 빈번한 청소년 회관이나 청소년 관련 단체 건물 인근, 대학교 여학생 기숙사 또는 초, 중, 고등학교 운동장 같은 곳에서 대기하거나 잠복하며 피해자를 효과적으로 낚아챌 기회를 노리는 것이다.

여기서 중요한 점은 이때의 연쇄범죄자들은 사전에 계획을 수립하는 과정에서 이미 그 장소를 나름대로의 이유로 사전에 선정하여 둔다는 것이다. 연쇄범죄자들은 반드시 평소에 눈으로 보고 경험하였거나 환각상태에서 보았던 장소를 이용한다. 어떤 연쇄범죄자는 문득 정신을 차리고 보니 자신이 특정한 지역을 배회하고 있었는데 결코 낯선 지역이나 환경이 아니었다고 말하기도 하였다. 연쇄범죄자들은 그들이 선호하는 피해자를 찾기를 원하기 때문에 평소 피해자들이 모이는 장소, 환경, 주변 여건, 나이, 직업 등을 기억하고 거기에 맞는 장소를 찾게 된다는 것이다.

존 게이시John Wayne Gacy라는 연쇄살인범은 자신이 선호하는 유형의 피해자를 찾기 위해 호스트바와 빈곤한 주택가를 배회하였다고 하며, 테드 번디Ted Bundy는 원하는 취향의 여학생을 낚아채기 위하여 자신이 다녔던 시애틀

대학교의 여학생 기숙사 주변을 배회하였고 플로리다로 이사한 후에도 인근 대학교 여학생 기숙사 주변을 맴돌며 다음 피해자를 물색하였다고 한다. 나이가 많고 약한 여성만을 노리고 범행한 연쇄살인범 칼튼 게리Carlton Gary는 부자들의 금품을 강취하여 헐벗고 가난한 사람에게 나누어 준다는 망상을 실현하기 위해 부자들이 많이 사는 컬럼버스 지역 윈튼에서 배회하며 피해자를 찾았다.

우리나라에서 발생한 이춘재 연쇄살인사건의 범인 이춘재도 개발되기 직전의 화성, 주로 농로에서 범행대상자를 기다리다가 급습하여 강간 및 살인을 하였다. 강호순의 경우는 늦은 시간에 귀가하는 여성들이 버스에서 내리는 한적한 버스 정류장을 선정하여 그 부근을 배회하며 피해자를 찾았다. 연쇄범죄자들은 피해자를 유인하는 과정에는 모든 신경을 집중하기 때문에 긴장감이 극도로 고조된다. 즉, 1단계 심리적인 준비 단계를 거쳐 2단계인 낚시질 단계로 진입하였다는 것은 조금이라도 작동되던 정상적인 심리 상태가 완전히 다른 패턴으로 작동하기 시작하였다는 것을 의미한다. 완전히 다른 사람으로 급격히 변화하고 있다는 뜻으로 해석할 수 있다.

### (3) 구애(The Wooing Phase)

이 단계는 피해자들의 관심을 유도하거나 현혹, 유혹하여 자신이 미리 만들어 둔 함정으로 끌어 들이는 단계이다. 이때 연쇄범죄자들은 사전에 미리 계획한 시나리오를 이용하거나 천부적인 자신만의 장점을 최대한 활용하여 피해자들이 안심하도록 하고 경계심을 완전히 허물게 한 후, 적정한 타이밍에 미리 준비해 둔 함정으로 피해자를 유인하는 것이다.

여러 명의 소년들을 연쇄적으로 살해한 시카고의 건축업자 존 게이시John Wayne Gacy는 피해 소년들을 끌어들이기 위하여 직장을 알선해준다고 유혹하였고 어떤 경우에는 자신의 성적인 문제를 받아주면 그 대가로 돈을 주겠다고 하였으며 인자한 얼굴로 소년들의 경계심을 해제하고 그의 덫으로 유인하였다. 덫으로 유인한 후에는 완전히 다른 사람으로 변신하여 그때부터는 유인한 소년들이 말을 잘 듣지 않거나 자신의 요구사항을 거절하고 도망치려 한다는 것을 느끼면 가차 없이 무자비한 폭력을 행사하여 대상 소년들을 제압하고 꽁꽁 묶어 강간하고 잔인하게 고문을 자행하였으며 결국 살해하였다. 유영철은 자신이 살해하고자 하는 유형의 여성을 특정하고 안마시술소 등의 광고지를 수집, 원하는 유형의 출장 마사지 여성을 보내주도록 요구하여 범행을 하였다. 일반적으로 연쇄범죄자들을 떠올리면 아주 흉측하고 무서운 인상의 괴물 같은 모습을 연상하게 된다. 그러나 절대다수의 연쇄범죄자들은 잘 생기고 매력이 있는 외형을 가진 것으로 조사되었다. 구애단계에 있는 연쇄범죄자들은 초기에는 피해자들을 자신이 파 둔 함정으로 유인하기 전까지는 아주 친절하고 인자하게 보이며 심지어는 성적인 매력이 넘치기도 하였다. 연쇄범죄자의 매력적인 외모, 화술, 깔끔한 매너에 빠져 경계심이 허물어진 피해자들은 심각한 신체적, 정신적 피해를 입게 되며, 그 결과는 치명적인 경우가 대부분이다.

## (4) 포획(Capture)

일단 자신의 함정에 빠진 피해자를 '포획'하는 과정은 아주 신속하게 진행된다. 피해자가 미처 손을 쓸 사이도 없이 범행을 진행하는 특성이 발휘되는 것이다. 이를테면, 일단 범인의 차량에 타게 되면 아주 빠른 속도로 차량을 운전하거나 차문을 시정하여 어찌할 수 없도록 한다거나 선정된 주택에 침입하였을 때는 흉기로 위협하여 항거불능하게 하고 무차별적으로 폭력을 행사하여 완벽히 피해자를 제압하여 저항할 엄두도 내지 못하는 하는 방법을 쓴다. 연쇄범죄자들은 목표로 정한 피해자의 주변에 아무도 없거나 더 이상 타인들과 접촉이 없을 것으로 예상되면 포획단계를 실행하게 된다. 연쇄범죄자들은 그렇게 피해자를 자신의 함정에 유인하고 포획하는 과정에서 충분히 심리가 고조되고 흥분하여 스릴을 만끽한다. 피해자를 포획하여 자신만의 공간에서 피해자를 마음대로 가지고 놀 수 있다는 기대심리가 발현되어 극도로 흥분하면서 자신의 존재감을 재확인하는 것이다. 그때부터는 피해자를 마음껏 농락하며 자신이 설정해 둔 자신만의 특별한 의식을 치르겠다는 생각에 모든 즐거움을 만끽하는 것이다.

포획을 실행하는 방법은 각 범인들마다 다른 양상을 보이는데, 칼튼 게리는 목표로 설정한 피해자의 집에 창문 등을 넘어 들어가자마자 피해자를 무차별 구타하고 제압하여 강간을 하고, 스타킹이나 스카프 등의 끈을 이용하여 교살하였다. 테드 번디는 피해자들을 유혹하여 일단 자신의 차에 승차하면 미리 준비한 쇠막대기(쇠지레) 등을 이용하여 무차별 구타하여 제압하고 정신을 잃은 피해자를 자신만의 의식을 행하는 장소에 데리고 가

강간한 후에 때려서 죽이는 의식을 행하였으며, 헨리 루카스는 피해자를 포획하여 자신만의 장소로 이동한 후 피해자에게 자신이 앞으로 피해자의 사지를 절단한다거나 배를 가른다거나 하는 등의 행동을 할 것이라며 자신이 행할 고문의 종류, 방법을 예고를 하여 피해자가 공포에 떠는 모습을 보고 즐겼다고 한다. 유영철의 경우에는 준수한 외모와 아주 친절한 언행으로 피해자들을 유인하여 자신이 거주하는 원룸으로 데리고 간 후, 피해자가 경계심을 허문 사이 목을 졸라 살해하거나 둔기로 머리를 때려 살해한 후 시체를 토막 내어 유기하는 방식으로 범행을 하였다. 기타 희대의 연쇄범죄자들은 일단 포획하고 나면 미리 준비한 자신의 공간에서 나름대로의 의식을 치르면서 존재감을 확인하는 것이다.

## (5) 실행(The Murder)

포획한 피해자를 상대로 의식을 치르는 상황을 실행단계로 본다. 범행을 실행하는 단계에서 각 범인들마다 다른 특징을 가지는데 이를테면, 존 게이시는 주로 피해자들을 자신의 집 지하실로 끌어들인 후 피해자가 예측하지 못한 사이에 급습을 했다. 이때 자신이 공격할 신체부위를 미리 설정해 두었는데, 공격에 취약한 피해자의 성기를 갑자기 발로 차서 쓰러뜨리고 무차별적으로 폭행을 가하여 제압한 다음, 각종 고문을 행사하며 죽음으로 몰고 가는 과정을 즐겼다고 한다. 또 하나의 특징은 죽어가는 피해자들에게 성경 시편 23장을 읽어주며 '죽음 앞에 용감하라.'고 하였다는 것이다. 그가 범행을 통해 실현하려고 했던 것은 피해자가 고통스럽게 서서히 죽어가는 것을 보면서 쾌감을 느끼는 것이다. 그의 범행은 어린 시절 매우 불행하여 아버지에게 늘 폭행을 당하고 무시 받는 등 자아가 제대로 성장하지 못했던 것이 원인이 되었다고 본다. 조셉 캐링거Joseph Kallinger는 열여섯 살인 자신의 아들 마이클과 같이 범행을 하였다. 자신의 범행에 아들까지 끌어 들여 범행을 한 케이스이다. 그는 어려서부터 어머니에게 극심한 학대를 받았으며 그러한 영향이 피해자들을 고통스럽게 서서히 죽이는 방법으로 표현되었던 것으로 추정된다. 그의 범행은 잔인하여 포획한 피해자들을 묶어둔 상태에서 산 채로 성기를 잘라내기까지 하였다고 한다. 그리고 피해자가 고통에 비명을 지르면 그것을 보면서 한껏 감정을 고조시키며 쾌감을 만끽하였다고 한다. 그의 경우는 어려서 어머니에게 당한 학대가 절대적인 영향을 미쳤을 것으로 추정하는데, 그의 어머니는 자주 우는 그를 훈육하는 과정에서 아이를 강하게 기른다는 명분으로 벌을 주었는데 불 위에 손을 올리도록 하고 피부가 타 들어가기 전에는 손을 움직이지 못하게 하였다고 한다. 아이러니하게도 아들까지 끌어들여 범행하던 그의 마지막 피해자는 다름 아닌 자신의 막내아들 조이Joey였다. 그는 죽음에 이르는 과정 속에서 고통에 몸부림치며 '아빠, 살려 주세요.'라는 말을 들었을 때 최고의 오르가즘을 느꼈다고 진술했다. 헨리 리 루카스Heney Lee Lucas도 살아 있는 여자 희생자들의 성기를 칼로 도려내거나 라이터 등을 이용하여 태우거나 피해자의 손가락이나 발가락을 잘라내면서 최고의 절정감을 느꼈다고 한다. 그도 어렸을 때 어머니로부터 불로 지지는 벌을 받은 전력이 있다. 특히 그의 어머니는 그가 좋아하는 물건이나 동물들을 무조건 부수거나 죽여 버리는 행동을 하

였고, 남자인 그에게 여자 옷을 입혀 학교에 보내는 일도 많았으며, 불구가
된 남편과 아들이 보는 앞에서 상대를 바꾸어 가면서 수많은 남자들과 성교
를 하였다고 한다. 어머니의 위와 같은 비정상적인 처신을 보면서 자란 그
는 자신의 어머니와 말투나 행동, 외모가 조금이라도 비슷한 여자를 물색한
다음 납치하여 살해하였다. 결국 그는 자신의 어머니와 말다툼을 하던 중
실수로 어머니를 살해해 버리고 만다. 지존파의 범인들은 자신들이 납치하
여 감금하여둔 피해자를 시켜 공기총으로 또 다른 피해자를 쏘아 살해하도
록 하는 한편, 피해자의 신체의 일부를 억지로 먹도록 하여 공범으로 포섭
하는 범죄 실행을 하기도 하였다. 연쇄살인범들은 피해자가 죽음에 이르는
과정을 지켜보며 최고의 쾌감을 느꼈다고 한다. 심지어 그 쾌감은 성적인
오르가즘을 수반하여 신체적 접촉 없이도 사정을 하기도 하였다고 한다. 연
쇄범죄자들은 잔인한 범행을 수행하며 자존감, 승리감, 자신의 막강한 파워
를 깨달았는데 그 과정에서 비로소 자신의 존재가치를 찾았다고 주장하기
도 하였다. 그리고 범행을 하는 순간만큼은 자신의 어릴 적 불행했던 과거
나 끔찍했던 기억들이 사라지고 자신을 그와 같이 만들었던 사람들에 대한
두려움에서 완전히 해방이 되는 느낌을 받았다고 한다.


## (6) 회상(The Totem Phase)

연쇄범죄자들이 시체로 토템(totem)을 만드는 시기이다. 통상 우리가 말
하는 '우상'과는 전혀 다른 개념이라고 할 수 있다. 호랑이를 두려워하던

사람이 우연한 기회에 호랑이와 만나 악전고투 끝에 호랑이를 잡았을 때 호랑이의 이빨이나 발톱 등을 뽑아 일종의 '기념품'을 만들어 두고두고 보면서 호랑이를 잡았던 기억들을 되살리게 되는데 그것이 일종의 토템이다. 그것은 흔치 않은 일이기 때문에 당사자만이 즐기는 유형은 아니었을 것이다. 가족, 친지, 나아가 부족 전체가 그 기억을 공유하고 기념품을 보면서 그날의 승리감을 만끽하였을 것이다. 그리고 그때마다 잘 보관된 기념품 즉, 호랑이의 발톱, 이빨 등을 보면서 행운의 상징이나 좋은 일이 일어날 징조로 삼았을 것이다. 즉, 토템이 형성되는 것이다.

연쇄살인범의 경우, 희생자의 목숨을 끊고 나면 즉시 비참한 지경으로 우울해지며 절망의 단계로 들어가게 간다. 마치 오르가즘을 겪고 난 이후처럼 허탈감이나 상실감을 느끼게 되는 것이다. 이때 연쇄범죄자는 그런 절망감들을 극복하기 위하여 일단 범행의 기억들을 떠올리고자 하는데 그 방법은 자신이 살해한 피해자들의 신체의 일부 등을 보는 것이다. 기념품으로 남겼던 피해자의 신체의 일부 같은 것을 보면서 범행 당시의 과정을 되새기는 것이다. 연쇄범죄자들의 경우는 희생자의 성기나 팔다리 혹은 머리 등을 잘라 보관하는 경우가 많다. 시체의 일부를 먹음으로써 피해자와 자신을 공유하기도 하고, 어떤 경우는 희생자의 신체의 일부를 잘 보관하였다가 다음 희생자에게 보여주며 공포에 휩싸인 피해자의 표정을 즐기기도 한다.

연쇄범죄자에게 희생자 신체의 일부는 승리감, 자신감, 절정감, 절대적인 파워를 상징하는 일종의 '트로피(trophy)'인 것이다. 그것이 토템이 되는 것이다. 일부는 살인과정을 카메라로 찍거나 테이프에 녹화하는 경우도 있다. 레너드 레이크Leonard Lake는 희생자가 죽음에 이르는 과정이 담긴 테이프를 여러 개 가지고 있었으며, 어렸을 적 어머니의 잔소리를 너무나 싫어했던 에드워드 캠퍼Edward Kemper는 자신의 어머니를 살해한 뒤, 그 지긋지긋했던 목소리를 만들어낸 성대를 도려내어 불에 태운 뒤 쓰레기통에 버렸다. 그 후 그는 어머니의 머리만을 잘라내 아파트로 가져갔고 며칠 동안 어머니의 머리를 다트 보드로 삼았다고 한다. 온보현은 자신의 행동을 기록한 살인일지를 작성하여 소지하고 있다가 경찰에 검거된 후 제출하였다. 하지만 위와 같이 피해자가 죽음에 이르는 과정을 촬영하여 두고 희생자의 신체 일부를 토템으로 삼아 범행 당시의 기억을 떠올린다고 하여도 그 상태를 오래 지속할 수는 없다. 즉 그들이 소유한 토템의 힘이 사라지고 다시 연쇄범죄자들은 절망감 등 정신적으로 극히 가라앉는 침체기를 맞이하게 된다.

## (7) 침체(The Depression Phase)

위와 같이 토템을 보면서 자신의 범행을 반추하던 연쇄범죄자들은 급격한 절망감을 느끼기 시작하는데 그것을 침체기에 들어섰다고 보는 것이다. 최초 1단계인 몽상기부터 토템기까지 진행되던 일종의 환각 현상에서 깨어나 다시 정상적인 생활로 돌아가게 되면 자신이 저지른 끔찍한 행위에 대한 자책 등으로 고통을 받아야 한다. 어떤 연쇄범죄자의 경우는 경찰이나 언론사에 자신의 범행에 대한 참회의 기록이나 범행을 고백하는 수기를 작성하여 송부하기도 하고 자신을 질책하며 자실을 시도하는 경우도 있다. 그런 과정이 어느 정도 지속되면 연쇄범죄자는 더 이상 자책을 하며 절망감에서 살 수 없다고 판단을 하게 되고 결국 새로운 희생자를 찾아 나서게 되는 것이다. 시간이 지날수록 도저히 억제할 수 없는 살인 등 범죄 충동에 휩싸이게 되고 새로운 환상이 나타나게 되며 그 결과 다시 1단계로 회귀하여 몽상기로 진입하는 등 순환 단계를 거치며 범행을 지속하게 되는 것이다.

연쇄범죄의 유형과 사례 그리고 수사과정

02

# 1. 연쇄강간범죄

## (1) 연쇄강간범죄의 정의

강간은 강력범죄의 주요한 연구 대상 가운데 하나로서 여성의 인격인 성(性)을 강제적으로 유린하는 반 인격적인 범죄행위이다. 2000년대 초반부터 사회적으로 여성에 대한 성폭력이 주요한 사회문제적 이슈로 등장하면서 이에 대한 대응방안을 정부차원에서 추진하였다. 여성가족부는 성폭력 문제의 핵심적 요소로서 강간을 지목하였고 그에 따라 강간 등 성폭력에 대한 처벌이 강화되고 있다. 하지만 일련의 대책에도 불구하고 강간범죄는 연일 신문지상을 장식하고 있음은 물론 세계적으로 '강간대국'이라는 오명(汚名)까지 가지게 될 정도로 강간범죄의 심각성은 사회안정성을 해칠 정도가 되었다.

강간범죄는 형법상 여성의 의사에 반해서 유형, 무형의 강제력을 행사하여 자행되는 폭력범죄를 의미하며, 최근 법원의 판결이나 시각은 지위의 남용을 통한 여성에 대한 무형의 폭력이나 억압적 상황의 형성으로까지 광범위하게 확대 적용하고 있다. 강간의 문제점은 여성의 인격침해는 물론 해당 여성의 삶 자체를 파탄에 이르게 하거나 또는 심리적 공황상태가 심할 경우에 자살을 선택하게 될 정도로 심각한 결과를 초래한다는 것이다. 더욱이 기회적 강간이나 1회적 강간 보다는 계속적으로 1명 또는 2명 이상의 범인이 여러 여성을 연쇄적으로 성폭행하는 연쇄강간의 성격이 많이 나타난다는 점에서 이에 대한 별도의 대책 마련이 요구되고 있다. 특히 최근에는 아동, 청소년에 대한 강간이 빈발하자 급기야 '아동청소년 성 보호에 관한 법률'이 제정되어 시행되고 있으나, 이를 통해 가중처벌을 한다 하더라도 지속적으로 발생하는 범죄 상황에 '특효약'으로 작용하지 못하고 있다.

일반적으로 강간과 연쇄강간을 구분하는 기준에 관해서는 학자마다 다른 주장을 펼치지만 대체적으로 다음의 내용으로 정리할 수 있다.

첫째 희생자의 숫자, 둘째 개별 범죄 사이에 나타나는 시간적 간격, 셋째 범죄발생 지역 간의 차이 등이다. 학자들의 견해를 종합하여 본다면 대체적으로 가해자가 피해자 3인 이상을 각기 다른 장소에서 시간적 차이를 두고 강간한 경우라고 정리할 수 있다. 범죄의 연쇄성이라는 요소를 고려하여 볼 때, 우리나라에서도 3인 이상의 개별적인 피해자가 발생한 경우를 연쇄강간으로 정의해야 할 것이다. 유영철이나 정남규와 같은 희대의 연쇄살인범이 발생함으로써 상대적으로 연쇄강간범에 대해 국민들이 실제로 느끼는 체감 공포도는 떨어질 수 있겠으나 실제 일선 수사현장에서 가장 심각한 유형의 강력범죄 1순위로 연쇄강간범죄를 들고 있으며, 사회심리학적으로도 불안감과 공포감을 조장하는데 있어서 엄청나게 부정적인 영향을 미치고 있다.


## (2) 연쇄강간범죄의 유형


연쇄강간이 일반적으로 하나의 특성만 있는 것으로 생각할 수 있겠으나 미 연방수사국은 미국 내에서 저명한 범죄학자들과 함께 연쇄강간범의 유형을 세분화하여 정리하였다.

그로스Groth와 버제스Burgess, 그리고 홀름스트롬Holmstrom 등 세 명의 학자는 133명의 강간범죄자와 92명의 연쇄강간피해자(일반강간피해자 포함)을 선정하여 이들을 대상으로 조사한 결과 연쇄강간에 영향을 미치는 주요 원인이 폭력과 분노라는 결론을 내렸다. 성욕에 의해서 연쇄강간이 발생한다는 일반적인 원인론이 아닌 개별 연쇄강간범들이 가지고 있는 폭력성과 분노에 대한 조절실패가 결국 연쇄강간이라는 형식으로 표출된다는 점을 지적한 것이다. 이들은 연쇄강간범의 유형분류에 있어서 피해자와 가해자의 상호간의 특성을 기준으로 하여 폭력 - 지향형, 분노 - 강화형, 분노 - 보복형, 분노 - 성적흥분형으로 나누었다.

먼저 폭력 - 지향형으로 나타난 연쇄강간범죄자들은 자신의 강간행위를 남성다움의 표현이나 주인의식의 발현, 또는 여성에 대한 지배력의 표현으로 인식하는 것으로 나타났다. 다음으로 분노 - 강화형 연쇄강간범죄자들은 자신의 성적 수단이자 도구로써 강간이라는 행위양식을 이용하는 것으로 나타났으며, 여기에 자신의 남성다움에 대한 스스로의 의심을 푸는 하나의 수단으로 인식하였다. 분노-보복형으로 구분되는 연쇄강간범죄자들은 여성에 대한 적대감이나 여성에 대한 분노의 표현으로서 강간이라는 범죄행위를 선택하는 것으로 확인되었다. 마지막으로 분노-성적흥분형 연쇄강간범죄자들은 피해여성이 범죄과정에서 보이는 고통을 보면서 스릴과 행복감, 자존감이나 만족감 등을 느끼는 것으로 나타났다. 이 네 가지 유형의 연쇄강간범 가운데에서 전체의 3/4에 해당하는 약 75%가 주로 폭력이라는 요소와 관련성이 높은 것으로 파악되었으며, 나머지 1/4인 25%의 연쇄강간범은 분노와 관련성이 큰 것으로 나타났다.

워런Warren과 헤이즐우드Hazelwood는 연쇄강간범으로 법원에서 유죄확정판결을 받은 108명의 범죄자를 대상으로 하여 조사연구를 수행한 결과 평균적으로 범인 1명당 5.3회의 강간이 연쇄적으로 발생하고 있으며, 1인당 2건에서 최대 17건에 이르는 다양한 범행회수가 나타난다는 결과를 학계에 보고하였다. 이 두 학자는 2건 이상의 독립된 강간을 연쇄강간으로 확대하였으며, 3건 이상만을 연쇄강간으로 규정하는 경우에는 평균 7건 이상으로 조사되었다. 성폭행의 범행동기 및 범행수법에 따른 분류를 해보면, 강간의 동기에는 공격성, 성(性), 그리고 힘(권위)의 요인이 반드시 포함되어 있다. 이러한 동기는 범죄자의 연쇄적이고 성적 공격 패턴의 기본으로 사춘기 직후에 발달되기 시작하는 복잡한 성적 환상에도 표현되며, 피해자와 의사소통의 기회, 범죄자가 선호하는 성적 행동, 그리고 범죄자의 의식적이고 의도적인 행동 패턴을 결정한다.

성범죄에는 이 같은 동기적 요인이 혼합되지만 일부 범죄에서는 공격을 통해 상해를 입히고자 하는 욕구가 강하게 발현되는 반면, 성적이고 신체적(물리적) 행동을 통해 그 기저에 있는 환상을 추론하여 범행동기의 주요 요인을 구성함으로써 동일범에 의한 성범죄를 식별하는데 이용할 수 있으며 이후 범행대상 선정 및 앞으로의 범죄 시나리오를 예측하는 데에도 도움이 된다.

일단 단순강간범(1회성)이 결국 연쇄강간범으로 전이하는 것은 당연한 것으로 1회성 강간사건이 발생하면 앞으로 그 범인이 지속하여 범행하여 연쇄강간범으로 진화할 것인지를 확인하는 자세가 필요하다. 따라서 기본적으로 강간범의 특성을 먼저 이해하는 것이 반드시 필요하다고 할 것이다.

우리나라에서는 (1)권력확인 형, (2)권력주장 형, (3)분노보복 형, (4)분노자극 형, (5)기회주의 형으로 강간범을 분류하여 특성을 파악하고 있다. 다만, 모든 강간범이 위에서 제시한 유형 중 어느 하나에 명확하게 해당되는 것은 아니며 각 유형의 특성이 혼합되어 나타나는 경우가 많다. 강간범에 대한 유형 분류는 강간범의 행동양태를 중심으로 범인이 고유하게 지니는 특성을 파악하는데 의미가 있다고 할 것이다.

### ① 권력확인 형

범인 자신이 남성답지 못하다고 늘 생각하는 가운데 그러한 점을 보상받고자 하는 심리가 발동하여 여성을 상대로 힘을 과시하여 강간을 함으로써 자신의 남성성을 확인하는 행태로서 성행위에 수반되는 강압을 통해 자신의 존재감을 확인한다.

심각한 자위행위, 노출증, 음란전화, 복장이상도착증, 페티시즘 등을 포함한 다양한 성도착을 환상화하는 성적 편견의 전력이 있으며, 자기통제력을 상실할 정도로 성적 흥분이 심해지며, 피해자-범죄자간의 관계를 왜곡하기도 한다. 비면식자에 의한 강간에서 가장 흔히 관찰되는 유형이다. 언어적 및 성적으로 가장된 이타성을 보인다. 즉, 피해자를 배려하고, 피해자에게 용서를 구하기도 한다. 과도한 폭력을 사용하지는 않고, 범행대상을 선정할 때는 사전에 감시하거나 관찰하는 경향이 있고 범행시간대는 대체로 늦은 저녁이나 이른 아침 시간이며, 범행대상은 범죄자와 비슷한 연령대의 혼자 있는 여성 혹은 어린 아이와 같이 있는 여성을 선정한다.

피해자를 급습하여 흉기를 보이거나 흉기를 소지하고 있다고 협박하여 피해자를 제압하며, 스스로 사실을 왜곡하여 피해자가 강간당하는 것을 즐기면서 자신과 성적 유희에 빠졌다고 생각하기도 한다. 피해자의 속옷이나 사진 등 개인적 의미가 있는 물품을 범죄의 기념품으로 가져가 나중에 성적 환상을 실현하는 목적으로 사용하기도 한다. 범행이 실패했을 경우 가능한 한 범행 당일에 재빨리 재공격을 시도하는 경향이 있고 성공한 범행에서는 확신감과 자신감을 부여받지만 이런 감정은 빠르게 사라지고 강화를 위해 재공격을 하게 된다. 공격패턴에 일관성이 있고 근접 지역 혹은 사회경제적 환경이 유사한 지역에서 범죄를 저지르며, 검거되기 전까지 범행을 계속할 가능성이 높다. 국립과학수사연구원에서 성범죄 관련 피의자를 대상으로 실시한 범죄분석 결과 강간범의 유형 중에서 가장 많은 비율을 차지하고 있는 유형으로 나타났다.

## ② 권력주장 형

권력확인 형과는 달리 남성성에 확고한 자신감을 갖고 있고 외형적으로도 남자답게 보이는 유형으로, 강간이 남성으로서의 특권을 발휘하는 것으로 생각하는 경향이 있다. 이들의 환상에는 성적 요인이 별로 의미가 없다. 즉, 강간은 환상이 아닌 실제 상황과 접촉에 의한 충동적 행동이다. 범죄자의 의도가 강압에 의해 피해자를 성적으로 굴복시키는데 있기 때문에 피해자의 입장을 전혀 고려하지 않으며 공격행동에 있어서 성적, 언어적으로 이기적 성향이 아주 강하다. 즉, 피해자의 입장을 고려하지 않고 피해자와의 의사소통 및 교류도 일체 시도하지 않으며, 충동적이고 강압적으로 착취하는 형태의 성적 행동을 보인다. 자신과 비슷한 연령대의 피해자를 범행대상으로 선정하며, 안전하다고 판단되는 곳이라면 어디에서나 범죄를 저지를 가능성이 있고, 피해자를 여러 번 강간할 가능성이 있다.

## ③ 분노보복 형

성적 행동은 분노와 보복의 표현으로, 실제로 잘못을 저지른 여성 또는 잘못을 저질렀다고 생각하는 여성을 범행대상으로 삼는다. 대체로 범죄자가 증오하는 유형이 피해자가 되는 경우가 많다. 여성에게 분노감을 가지고 있으며, 여성들을 처벌하고 모욕감을 주기 위한 도구로 섹스를 이용한다. 아내나 애인과 같은 사람들에게서 자신이 경험한 모욕감 또는 상상 속에 축적된 모욕감을 범죄에 반영한다. 의도적인 범죄로, 언어적 폭행에서부터 잔인한 살인에 이르기까지 범위가 넓다.

성적, 언어적 측면에서 아주 이기적이며, 자신의 정서와 연관된 범죄 형태이기 때문에 분노를 표출하며 아주 심한 폭력을 사용한다. 범행을 계획하거나 피해자를 선정하는데 다소 시간이 걸리지만 범죄 자체는 충동적 성향이 강하고 분노가 폭발하여 범죄로 이어진다. 자신보다 나이가 다소 많거나 동년배이면서 누군가를 상징하는 여성을 공격하는데, 옷차림새, 직업, 키, 체중 등을 고려하여 대상을 선정한다. 분노를 느끼면 아무 때나 범행을 할 가능성이 많고, 간혹 흉기를 사용하기도 하지만 주로 주먹 등 신체적 폭력을 사용한다. 공격행동에 일정한 패턴은 없고, 공격 후에 분노가 감소하면서 긴장감이 사라지지만 다시 분노가 생겨나 문제의 원인이라고 생각하는 여성을 향하여 분노를 분출시킬 필요성을 느끼게 된다.

### ④ 분노자극 형

이 유형은 피해자의 신체적, 정서적 고통을 보면서 성적 자극을 받거나 성적 만족을 느끼는데, 일차적인 범행동기는 피해자에게 공포심을 유발하여 절대적인 복종을 유도하기 위해 고통을 가하는 것이다. 아주 드문 유형이지만 범죄 피해는 가장 크다고 할 수 있다.

범죄는 계획적이고 조직적이며, 세부사항까지 신중하게 고려하며 나름대로 가상의 리허설을 하기도 한다. 흉기 등 범행도구까지도 사전에 계획하고 준비하는 경향이 있다. 철저히 범인의 계획에 의하여 실행하는 것으로 피해자와의 어떠한 연결고리도 원하지 않는 유형이다.

범죄자는 이기적 성향이 강하며, 과도한 수준의 폭력을 사용하여 피해자를 살해하는 경우도 있다. 수법은 주로 유혹적인 접근으로 피해자의 환심을 산 후 신속히 피해자를 결박하여 사전에 선정해 둔 범행장소로 이동한다.

대체로 오랜 시간동안 피해자를 감금하고 피해자가 최대한 공포를 느낄 수 있는 기구 등을 이용하여 고문을 하기도 한다. 피해자를 성(性)노예처럼 다루거나 질이나 항문에 이물질을 삽입하기도 하고, 영상을 촬영한다든지 녹음을 하거나 문서를 만들어 남기기도 한다. 또한, 실험적 경향의 다양한 성행위를 피해자에게 강요하기도 한다.

### ⑤ 기회주의 형

오로지 성적 원인에 의해 강간을 하는 유형으로 다른 범죄를 하면서 기회를 보아 추가로 강간을 한다. 이를테면, 주거침입 강도가 여자가 혼자 있는 것을 발견한 후 성적 충동을 느껴 강간하는 경우이다. 즉, 범행 전에는 강간의 계획 및 의도가 전혀 없었다가 절도 및 강도를 하는 과정에 피해자를 보고 우발적으로 강간을 하는 경우이다.

이 유형은 큰 폭력을 행사하는 일이 적고 피해자와 짧은 시간을 보내며, 피해자를 결박해둔 채로 범죄현장을 떠나는 경우가 많다. 이 유형은 성적, 언어적으로 이기적 성향이 있고 범행 전에 술이나 약물을 복용하는 경우가 많다. 참고로 최근에는 위에서 설명한 유형 외에 강간을 당한 피해자가 수치심을 느껴 신고를 할 수 없게 함으로써 자신의 범죄를 은폐하고자 하는 유형도 많다.

## (3) 연쇄강간범죄자의 특성

연쇄강간범의 연령을 기준으로 한 조사에서는 확연한 특징이 발견되었다. 연령이 높은 연쇄강간범일수록 자신의 거주지에서 먼 지역으로 이동하여 강간을 저지르는 것으로 나타났으며, 반대로 연령대가 낮은 연쇄강간범일수록 거주지 근처에서 강간을 저지르는 것으로 조사되었다. 조사대상 20세 이하의 청소년 연쇄강간범에 있어서는 98%가 거주지 반경 2.75마일 이내의 장소에서 강간을 저지르는 것으로 확인되었다. 이를 분석한다면 연쇄강간범은 범행의 대상을 선정함에 있어서 범행성공의 가능성과 검거의 가능성, 피해자의 연령, 지리적 위치, 성별(동성애 연쇄강간범의 경우) 등을 신중하게 고려하여 결정하는 것으로 볼 수 있다.

연쇄강간범의 심리적, 정신적 특성 역시 일반강간범과는 차별성이 드러나는 것으로 여러 연구결과 나타나고 있다. 맥클로이McElroy와 동료학자들의 연구에 따르면 연쇄강간범의 경우에 여러 가지 유형의 정신장애 증상을 보이는 것으로 나타나고 있다. 연구진은 교정기관에 성범죄 혐의로 유죄를 선고받고 복역 중인 총 36명의 연쇄강간범을 대상으로 하여 심리적, 정신적 특성에 대한 연구를 수행하였는데, 전체의 83%에 해당하는 31명이 정신장애 증상을 보였고, 58%에 해당하는 21명이 성도착 증상을, 그리고 22명인 59%가 충동조절장애 증상을, 72%인 26명이 반사회적 성격장애 증상을 보였다. 심리학적, 정신과적인 차원에서 진행한 이 연구결과를 본다면 연쇄강간범의 경우에 기본적으로 정신적, 심리적 문제점이 존재한다는 점을 알 수 있다. 더욱이 이들이 공식적인 의료기관이나 심리치료기관에 접근하거나 또는 치료, 상담을 받은 경우는 전무했다는 점에서 실제적으로 움직이는 '시한폭탄'이 거리를 활보하고 있었다는 셈이다.

우리나라의 경우에는 간헐적으로 정신과적인 치료나 감정이 연쇄강간범을 대상으로 진행되고는 있지만 위 연구진의 연구와 같은 실험적, 사후 조사 차원의 연구가 반드시 필요하다고 판단된다. 정신장애는 심리적인 면 또는 행동 면에서 나타나는 마음의 기능부전을 의미하며 정신의학적으로는 그 원인에서 원인과 유전에 기초되는 것으로 생각되는 내인성 정신장애, 신체적, 기질적 원인에 의거하는 기질성 정신장애, 심인에 기초되는 심인성 정신장애 등으로 구분하지만, 실제로 그 원인은 그다지 뚜렷하지가 않은 상황이다. 오히려 복수의 생물학적 개체요인과 사회, 심리적 환경요인에 의해 복합적으로 일어나는 장애라고 할 수 있다. 연쇄강간범의 경우에 사회적, 심리적 환경요인에 의한 경우가 많다는 점이 중요하다. 이는 사회적으로 일정 부분 교육이나 인문학적 환경의 개선을 통해서 연쇄강간범의 행동을 사전에 제어할 수 있다는 의미도 된다. 특히, 초. 중, 고등학교에서 수행하는 성과 관련한 교육이 제대로 이뤄지지 않고 있다는 점이 강간과 같은 성범죄의 급증에 상당한 영향이 있다는 주장이 있어 이에 대한 접근과 신중한 고려가 필요하다 할 것이다.

다음으로 성(性)도착증세 역시 연쇄강간의 정신적 원인으로 설명되고 있다. 성적 도착, 이상성욕, 변태성욕, 성적 이상, 색정도착증이라고도 불리는데 성애(性愛)의 대상에 관한 도착과 사정(射精), 또는 유사한 생리적 현상을 동반하는 성적 쾌감(오르가즘)을 얻기 위한 성행위에 관한 이상이 있다.

성애의 대상에 관한 도착에는 어린이를 대상으로 하는 소아애(페도필리아), 노인을 대상으로 하는 노인애, 동물을 대상으로 하는 동물애, 시체를 대상으로 하는 사체애(死體愛:네크로필리아) 등이 있다. 성행위에 관한 이상으로는 사디즘, 마조히즘을 비롯하여 노출증, 절시증(竊視症; 몰래 들여다보는 이상성격), 트랜스베스티즘(이성의 의상을 착용함으로써 성적 만족을 얻는 것) 등 여러 가지이다. 이성이 몸에 걸치거나 입었던 것을 애무하며 만족하는 것은 페티시즘이라고 하고, 남성 또는 여성 중, 성적 욕구가 이상항진 되어 있는 것(음란증)은 각각 사티리어시스 및 님포마니아라고도 한다.

성도착은 정상적인 성(性)의 대상을 얻지 못하는 경우에 볼 수 있는 것과 같이 일시적, 환경적인 것이 있는가 하면 항구적인 것도 있다. 정신병자, 신경증자에서 볼 수 있으나 이것은 성도착, 즉 정신장애가 아니다. 정신분석학에서는 성애의 발달과정에 있어서의 정체 또는 고착(固着)으로서 성도착이 설명되고 있는 실정이다.

초기에는 성도착 환자로 시작해서 여성을 공격대상으로 삼는 과정으로까지 발전하는 경우에 문제가 발생할 수 있는데, 특히 범행을 저지른 이후에 경찰로부터 수사대상이 되지 않거나 자신이 저지른 범행이 미제사건을 남는 경우에 연쇄강간범으로 발전할 수 있는 가능성이 크다.

세 번째 유형으로서 확인된 충동조절장애는 '충동조절장애증후군'이라고도 한다. 이 장애의 공통점은 행위의 동기가 분명하지 않고, 자신과 타인에게 해를 끼칠 만한 행동을 하려는 충동을 억제하지 못하고 이를 반복한다. 충동적인 행동을 실행에 옮기기 전까지 긴장감이나 각성 상태가 고조된다. 충동을 억제하면 할수록 정신적 긴장이 더 커지므로 일단 실행하고 나면 쾌감이나 만족감, 긴장으로부터 해방감을 느낀다. 그 충동적 행동은 자아동조적(自我同調的)이며, 실행한 뒤에는 자책감이나 후회, 죄책감 등을 느낄 수도 있지만 그렇지 않을 수도 있다.

발생 원인으로는 정신 역동적 요인, 생물학적 요인, 정신사회적 요인이 거론된다. 정신 역동적 요인의 하나로 초자아 및 자아의 약화를 들 수 있는데, 이는 '무의식이 자아를 뚫고 치솟아 초자아를 반복적으로 위반하게 만드는 것'으로서 아동기 박탈로 인한 심리적 외상과 연관된다. 생물학적 요인으로는 뇌병변, 측두엽 간질, 아동기의 주의력결핍이나 과다행동장애, 신경전달물질의 이상 등이 거론된다.

가정 내 폭력이나 알코올 남용, 반사회적 경향 등은 정신사회적 요인에 해당된다. 병적 도박과 병적 방화, 병적 도벽을 비롯하여 간헐성 폭발장애, 발모광(拔毛狂), 쇼핑중독, 마약중독, 인터넷 중독 등 모든 중독 증세가 여기에 포함된다. 병적 도박의 경우는 도박을 중단하지 못하고 문제를 회피하는 수단으로서 도박을 계속한다. 병적 방화는 불을 지르는 데서 쾌감을 느끼고, 병적 도벽은 물건을 훔치는 것이 목적이 아니라 훔치는 행위 그 자체가 목적이다. 간헐성 폭발장애의 경우는 합당한 이유 없이 불시에 반복적으로 분노를 폭발시킨다. 발모광은 병적으로 머리카락을 쥐어뜯는다.

쇼핑중독의 경우는 상품을 마구 사들인 뒤에 무엇을 샀는지 기억을 못하고, 쇼핑을 중단하면 불안, 두통, 우울, 소화불량 등의 육체적, 심리적 부작용을 겪는다. 인터넷의 확산과 함께 사회적으로 문제가 되고 있는 인터넷 중독은 충동조절장애나 강박장애, 우울증의 한 증상으로 보기도 하고, 독립적인 장애로 보는 견해도 있다. 충동조절장애가 심한 상태에서 범죄 행위를 한 경우, 심신장애로 인한 범행으로 보아야 한다는 대법원 판례가 있다.

성적 충동을 조절하는 기능은 심리적, 뇌 작용적으로 결과로 가능하다. 모든 남성들이 성 충동을 갖고 있는 것은 사실이지만, 결과적으로 연쇄강간범은 성적 충동조절을 실패하기 때문에 나타나는 사회적 문제로 볼 수 있다. 성 충동조절을 약물로 조절하는 부분과 관련하여 많은 논란이 있기는 하지만 근본적으로 이를 질병이나 생물학적 문제로 바라보고 이에 대한 대안을 찾는 것이 제일 중요한 요소라 할 수 있다.

## (4) 연쇄강간범죄 수사프로파일링

우선 범죄심리학적 관점으로 범죄와 범죄자를 해석하고, 자료 수집과 분석을 통해 범죄 경향성을 파악하며, 이 자료를 데이터베이스화해서 유사 범죄가 발생했을 때 이 데이터베이스에 근거하여 범죄자의 특성을 추론하는 범죄분석 및 프로파일링을 하여야 한다. 새로운 유형의 범죄와 범행동기가 불분명하여 쉽게 이해되지 않는 이상 범죄가 증가하면서 물리적 단서뿐만 아니라 심리적 정신의학적 단서의 중요성이 부각되며 주목을 받고 있는 수사기법 중의 하나가 범죄 프로파일링이다.

범죄 프로파일링이란 심리학, 사회학, 범죄학 등의 행동과학적 이론을 범죄수사에 적용하여 범죄자가 현장에 남긴 무형의 정보 즉, 범죄자의 성격적. 심리적, 사회적, 행동적 특성 등을 추론하는 과정이며, 이를 토대로 범행 동기를 포함한 범죄자 및 범죄 전반에 대한 이해를 도모하여 수사에 적용하는 것이다. 일반적으로 프로파일링은 범죄자의 정신적, 정서적, 성격적

이상을 나타내는 범죄에 적용할 수 있다고 알려져 있는데, 특히 성폭력 범죄와 관련해서는 연쇄강간, 신체 성적 부위의 손상, 살인, 아동 성학대, 아동 성추행, 강간 등이 있다.

가상의 강간 용의자 프로파일링의 준비는 기본적으로 세 단계로 구성된다. 우선, 신원이 확인되지 않은 강간 용의자에 대한 프로파일링의 시작은 범죄자의 행동을 피해자에게 확인토록 하는 것이다. 범죄에 관한 세세한 진술을 확보하여 이를 기초로 강간범의 범행동기를 추론하고, 용의자만의 성격 및 특질이라 할 수 있는 성격 프로파일의 기초가 될 행동적 정보를 이끌어내는 다음 단계로 넘어간다. 1단계로 프로파일러는 피해자의 진술을 통해 강간범의 행동을 분석한다. 범행 도중에 있었던 범죄자의 언어적, 성적, 물리적 행위에 관한 정보 즉, 범죄자가 범행 중 어떤 행위로 위협을 하였는지와 상호간에 대화를 할 때 범인이 사용한 언어. 대화 내용, 언어적 습관, 피해자에게 말을 하도록 요구한 사항이 있는지, 있다면 그 내용은 무엇이었으며 그때 범인의 태도, 성적 행위의 유형과 어느 정도 지속하였는지, 그리고 범죄자는 어느 정도의 폭력을 사용하였는지에 대하여 정보를 입수하여 강간 행위의 기저에 깔려있는 동기를 분석할 수 있다.

2단계로 범행동기를 분석하기 위해 강간범의 언어적, 성적, 물리적 행위를 분석하고 평가한다. 강간범의 언어적, 행동적 표현은 범죄자가 가지고 있는 내적인 적대감과 분노감 및 애정 욕구 등을 반영한다. 그래서 범인의 언어적, 행동적 표현을 관찰하여 범인이 강간을 통해 피해자를 격하시킬 의도였는지, 피해자를 범죄에 연루시킬 목적이 있었는지 또는 피해자를 응징하기 위한 의도였는지를 결정하기 위해 필요하다. 그리고 범행에 폭력을 사용하였다면 그 시점과 피해자를 협박할 의도였는지 또는 피해자를 응징할 목적이었는지, 피해자가 저항을 멈추었음에도 지속하여 폭력을 사용했는지를 분석한다.

3단계에서는 범죄행동분석을 통해 도출된 범죄의 동기적 요인을 토대로 가상의 용의자 특성을 설명한다. 일단 범죄행동분석을 통하여 범행동기가 분석되면 강간범의 성격 및 특성을 개략적으로 설명할 수 있다. 행동에는 성격이 반영된다. 범죄자의 행동 방식을 통해 성격, 자존감(자기 존중감), 교육수준, 대인관계 형성 능력, 가치관 등에 관한 정보를 이끌어 낼 수 있다. 피해자에게서 강간범의 범행동기를 정확하게 파악해 내기는 어렵지만 특히, 강간사건의 경우 피해자가 사건 해결의 단서를 갖고 있기 때문에 피해자가 가지고 있는 강간범의 행동적 정보를 통해 다음의 범행동기를 추론해야 한다.

첫째, 범죄자가 피해자에게 어떻게 접근하였으며, 어떤 방식으로 피해자를 제압하였으며 제압한 후 어떤 방법으로 그 상태를 유지할 수 있었는가?

둘째, 강간범이 폭력을 사용하였는가? 사용했다면 어느 정도의 폭력을 사용하였으며, 폭력을 사용하기 시작한 시점은 언제인가? 그리고 피해자는 신체적, 언어적으로 저항을 했는가? 아니면 수동적인 저항을 했는가? 피해가자 저항했을 때 강간범은 어떻게 반응하였는가?

셋째, 범행 도중에 강간범이 성적 기능부전을 보였다면 어떤 종류의 것인가? 이후에는 다시 성적으로 기능할 수 있었는가? 강간범이 취한 특정 행동이나 피해자에게 요구한 특정 행동이 있었는가?

넷째, 강간범은 어떤 내용의 말을 했으며, 목소리 톤은 어떠한가? 언어적 습관이 있는가? 피해자에게 특정 질문에 대한 대답을 하도록 요구했는가? 피해자에게 반복적으로 말하도록 한 사실이 있다면 그 내용이 무엇인가?

다섯째, 강간범의 태도에 변화가 보이기 시작한 시점은 언제부터이며 어떤 식으로 변화가 되었었는가, 변화되기 직전 상황은 어떠했는가?

여섯째, 강간범은 범행 및 자신의 신원을 은폐하기 위해 피해자에게 어떤 행동을 취했는가?

일곱째, 범행 후 도난당한 물건들이 있는가? 있다면 그 가치는 어느 정도인가?

검거 후, 연쇄강간범죄를 분석하기 위해서는 강간은 물론 유사범죄인 강도강간, 강간살인, 강도강간살인, 여성물품 전문절도 사건의 피의자 및 그 수법 등을 신속히 파악하여야 한다. 그 후 범죄자를 검거하였다면, 범인의 심리나 태도, 행동양식의 특성을 도출하기 위해서는 범인과 심층 면담을 하여 범행계획과 실행 및 검거되기까지의 생각과 행동을 파악한다. 더불어 과거 범행경험에 대한 면담도 실시하여야 한다. 반드시 확인하여야 할 사항을 간단히 기술하면 범인의 출생지, 생년월일, 주소, 연령, 직업, 학력, 혈액형, 전과, 병역관계와 성장환경의 특성, 가족관계, 부모의 양육방식, 결혼여부 등과 범인의 병력 및 건강상태, 아동기의 가족관계, 학력 및 학교생활 적응도, 직업 경력 및 직업 적응도, 초기 성경험, 성적 문제 및 적응력, 생활적응력, 주거환경, 경제적, 성적, 심리적인 스트레스, 범죄 계획에서부터 검거되기 직전까지에 대한 진술 등이 있다.

성범죄 관련 사건에서 연쇄범죄로 진행될 가능성이 예측되는 사건 수사는 일반적인 강간사건 수사의 방법 및 태도에서 벗어나 강간범의 심리 및 행동적 패턴을 분석하고 이후의 음직임을 예측할 수 있어야 한다. 따라서 범죄자의 심리적, 성격적, 행동 패턴을 신속히 파악하여 예상되는 범행장소를 구체적으로 도출하여 대비하여야 할 것이며, 그 지역에 부합하는 피해자(범죄자가 선호하는 피해자의 특성을 파악하여 얻은 결과)를 선정하여 수사배치를 실시하여야 한다. 그렇게 하여 범인이 선호대상으로 삼는 피해자가 빈번한 특정한 지역이나 부류에 수사력을 집중함으로써 수사자원의 누수를 막을 수 있다. 결국 사건발생 초기에 신속히 자료를 수집하여 범인에 대한 심리적, 성격적, 행동적 특성을 분석한 후 범인이 선호하는 피해자를 유추하여 수사력을 집중하면 범인을 조기에 검거할 수 있는 가능성이 높아질 것이다.

## (5) 국외 연쇄강간, 살인범죄사건 사례

아래 기술하는 국외의 사례는 연쇄살인 및 연쇄강간이 융합한 범죄 양태를 도출하여 분석하였다. 외국 사례의 경우, 대다수가 연쇄강간과 연쇄살인이 혼합된 형태로 발생한 점을 고려하여 대표적인 사건 사례를 선정, 분석, 정리하였다.

## ① 미국 클리블랜드 토르소사건

외국에서 발생한 연쇄살인사건 가운데 사명적(使命的) 연쇄살인의 전형으로 받아들여지는 것이 미국에서 발생한 '클리블랜드 연쇄토막살인사건(Cleveland Torso Murder)'이다. 이 사건은 1930년대 미국 오하이오 주의 클리블랜드에서 발생한 연쇄살인사건이다. 최소 12명 이상의 희생자가 있는 것으로 추정되며, 사체들의 대부분이 목이 잘리는 등 심하게 훼손되었고, 무엇보다 범인이 공식적으로 체포되지 않았다. 이 사건으로 인해서 미국 전역이 큰 충격에 빠졌음은 물론 경찰이 제대로 용의자를 특정화 하지 못하였을 뿐만 아니라 범인의 검거에 실패함으로 인해 경찰의 수사기능을 크게 고치는데 많은 영향을 미친 사건이었다. 이 사건의 희생자들은 몇몇 예외를 제외하고는 신원이 밝혀지지 않았으나 경찰은 공통적으로 대공황 시대의 클리블랜드 빈민가에 살던 하층민일 것으로 추정하였다. 피해자들은 단 한명의 예외도 없이 머리가 잘린 상태였으며 사체 또한 심하게 훼손된 상태였다. 사체가 토막이 난 경우도 있었고 남성의 시신은 대부분 거세된 상태였으며, 어떤 시체에서는 약물이 투여된 흔적도 발견되었다. 발견 당시 검시관(Coroner)의 판단을 기준으로 했을 때, 사체들의 부패 정도는 사망 이후 수년이 지난 것으로 밝혀졌다. 이는 사체의 머리 부분을 발견하지 못했던 것과 함께 피살자의 신원을 더욱 밝히기 힘들게 만든 이유였다. 오하이오 주의 켄트경찰국(KPD; Kent Police Department, Ohio State)은 이 사건의 희생자를 1935년에서 1938년에 살해된 총 12명으로 발표했으나, 이 부분에 대해서는 언론을 통해 많은 이견이 제기되었다.

우선적으로 클리블랜드의 강력계 형사인 피터 메릴로Peter Merylo는 클리블랜드와 피터스버그, 그리고 영스타운에서 1920년과 1950년 사이에 벌어진 총 40여건의 살인사건이 동일인물의 소행이라고 주장하였으며, 1934년 9월 5일에 발견된 신원미상의 여성(그녀에게는 'Lady of Lake'라는 별명이 붙었다.)과 1950년 7월 22일에 발견된 로버트 로버트슨을 포함해야 한다고 주장하는 이들도 있었다. 경찰에서 공식적으로 발표한 12명 중 오직 두 명만이 신원이 확인되었다. 또한 1936년 7월 1일에 펜실베니아주 뉴캐슬의 차 안에서 발견된 목없는 남성 시신과 1940년 5월 3일에 멕키즈록스 근처의 차안에서 발견된 참수 시체들 역시 위 사건의 희생자들과 매우 비슷하였다. 일련의 훼손된 사체들이 1921년과 1934년, 그리고 1938년과 1942년 사이에 뉴캐슬에서 발견되기도 했다. 1950년 7월 22일에 41세의 무직 남성 로버트 로버트슨의 머리가 잘린 사체가 클리블랜드의 데번포트 거리의 한 사무실에서 발견되었는데 경찰은 이 사체가 죽은 지 최소 6~8주 정도 이후라고 판단했고 십여 년 전에 벌어진 일련의 토막 살인사건과 매우 유사하다는 결론을 내렸다. 로버트슨은 위의 사건의 희생자들과 비슷한 소위 사회의 변두리 층에 속해 있던 사람으로 가족과는 별거 중이였고 몇 번의 전과기록과 알코올 중독 증상을 가진 상태였다. 그럼에도 불구하고 경찰은 이 사건을 위의 사건과는 별개의 사건으로 처리하였다.

범인의 실체에 관련하여 형사학자들 간에 수많은 이견이 있지만 프랭크 돌레찰Frank dolezal과 프란시스 스위니Frances sweeney가 범인으로 가장 자주 언급된다. 돌레찰은 플로렌스 폴릴로의 살해범으로 체포되었고, 1939년 8월 24일에 감옥에서 의문사했다. 그의 죽음 이후 6개의 갈비뼈 골절이 확인되었는데 그의 친구는 그가 6주 전에 경찰에 체포될 때만 해도 없던 상처라고 증언하였다. 연구자들은 그가 비록 폴릴로를 정당방위 차원에서 살해했다는 증언에도 불구하고 그가 범인이라는 증거가 불충분하다고 믿어왔으며, 또한 돌레찰은 체포 이후 그의 증언은 경찰의 폭행과 협박에 의한 것이었다면서 증언을 철회하였다.

또 다른 용의자인 의사 프란시스 스위니는 경찰과의 심문에서 공인받은 거짓말탐지기 테스트를 받았으며 두 번 모두 통과하지 못했다. 그럼에도 그는 경찰의 수사망을 계속해서 벗어났고 결국 단 한 번도 기소되지 않은 채로 1964년에 오하이오 데이튼의 한 병원에서 죽었다. 두 명이 공범으로 범행을 하였다기보다는 일련의 연쇄살인사건이 개별적으로 두 명의 범인에 의해서 진행되었다고 보는 학자들이 많다. 처음에 저지른 범행 이후에 다른 한 명이 이를 모방하는 방식으로 범행이 진행되었으며, 수사과정에서 연쇄살인의 범인이 서로 다른 두 명이었기 때문에 수사기관에서도 혼선을 빚었을 가능성이 크다고 보는 것이다. 이를 미국 형사학에서는 '쌍둥이연쇄살인(Serial Murders by Twins)'이라고 부르고 있으며 이 역시 연쇄살인 가운데 극히 일부나 제한적이기는 하지만 종종 보고되는 사례라 할 수 있다.

## ② 제프리 다머 사건

미국인 제프리 다머Jeffery Dahmer는 미국의 밀워키 주에서 태어났으며 10세부터 이미 죽은 동물을 대상으로 '실험'하기 시작했다. 쥐나 토끼의 창자를 끄집어내고, 닭의 뼈를 표백하고, 개의 머리에 말뚝을 박았던 것이다. 1978년 6월, 부모가 이혼을 하고 떠나는 바람에 혼자 살고 있던 그는 피해자인 스티븐 힉스를 차에 태워주며 음료수를 마시며 '가벼운 즐거움'을 나누자며 유인하여 집으로 데리고 갔다. 그리고 힉스가 그만 가야겠다고 하자 다머는 바벨로 그의 머리를 내리친 다음 목을 졸라 살해하고, 사체를 절단해서 땅에 묻었다. 13년 뒤 그는 사진 속의 힉스를 발견하고는 경찰에 이렇게 말했다. "당신도 맨 처음 경험을 잊지 못하죠?" 이 첫 번째 살인이 다머의 정상적인 정신상태를 뒤흔들어 놓았던 것 같다.

그는 대학에 다니긴 했지만 곧 그만두고 미 육군에 입대했다. 그러나 육군은 6년 복무라는 계약기간이 남아 있었음에도 불구하고, 2년 만에 그를 강제로 전역시켰다. 술을 지나치게 마셨기 때문이다. 1982년 그는 고향 밀워키로 돌아가서 할머니가 사는 집의 지하에서 살았다. 처음에는 혈장(血漿) 제품 생산업체에 다니다가 나중에는 초콜릿 제조공장에도 다녔다. 이때도 그는 여전히 술을 많이 마셨고, 죽은 동물을 대상으로 하는 '실험'을 계속했다. 1987년 9월과 1988년 3월 사이에 젊은 남자 3명이 밀워키 지역에서 흔적도 없이 사라지는 사건이 발생했다. 다머가 동성애자 술집에서 이들을 유혹해 자신의 거처인 지하실로 데리고 간 다음, 약을 먹이고 사체를 절단해 사체를 유기하였기 때문이다. 그해 9월이 되자 그의 '실험 결과'는 너무도 심한 악취를 풍겨 함께 사는 할머니가 견딜 수 없을 정도가 되었다. 할머니는 그에게 나가라고 했고, 그는 주변의 싸구려 아파트로 거주지를 옮겼다. 이사한 다음날, 다머는 13세의 라오 족 아이를 자신의 집으로 데리고 와서 수면제를 먹인 다음에 강간을 하려고 하였다. 그러자 소년은 도망을 쳤고 경찰에게 이 사실을 알렸다. 다머는 성추행 혐의로 기소되었다. 보석금을 내고 석방된 뒤 선고를 기다리는 동안 그는 다시 5번째 희생자를 살해했다. 그는 피살자의 머리를 떼어내고 물에 삶아 살점을 뜯어낸 뒤에 두개골에 색칠을 하였다. 강간 및 기타 혐의로 징역 1년형과 아울러 추가로 보호관찰 5년 형을 선고받은 그는 1990년에 석방되자 다시 살인행각을 계속했다. 1990년 6월과 1991년 5월 사이에 7명을 더 살해했다. 피살자들의 나이는 18세부터 31세 사이였다. 다머는 이들의 두개골을 보관했다. 다머의 13번째 희생자는 운이 조금만 좋았어도 살아날 수 있었고, 다머의 살인 행각을 멈출 수도 있었다. 다머는 14세 소년을 자기 집으로 불러들이는데 성공했다. 이 아이를 설득해서 속옷만 입은 차림으로 사진도 찍었다. 그 다음에 그는 아이에게 약을 먹였다. 아이가 의식을 잃은 사이에 그는 술을 사러 밖으로 나갔다. 그런데 술을 사 가지고 돌아오는 길에 다머는 속옷만 입은 그 소년이 비틀거리면서 경찰관 2명에게 무슨 말인가를 하고 있는 장면을 목격했다. 다머가 그들에게 다가가 소년은 19세이며 자기 애인이라고 말하고는 그를 집으로 데리고 가겠다고 했다. 경찰이 소년을 놓아주자 그는 소년을 아파트로 데리고 와서 목을 졸라 살해했다. 그리고 죽은 소년의 모습을 카메라 필름에 담았다. 위기를 넘긴 다머는 이번에는 시카고에서 남자 2명을 자기 차에 태운 뒤, 사진을 찍자고 유혹해 밀워키로 데리고 왔다. 그는 이들을 살해한 뒤 머리를 냉장고에 넣고 몸통은 염산이 담긴 커다란 통에 집어넣었다. 1991년 7월의 사흘 동안 그는 같은 방법으로 2명을 더 살해했다. 그리고 7월 22일, 왼손에 수갑이 채워진 남자가 순찰 중인 경찰관에게 달려와서 자신이 방금 미치광이에게 살해될 뻔했는데 겨우 도망을 쳤다고 신고했다. 경찰관은 이 남자를 따라서 다머의 집을 찾았다. 이렇게 하여 다머의 살인행각은 끝이 났다. 경찰관은 다머의 집에서 절단된 사체를 찍은 폴라로이드 사진들을 발견했고, 목욕탕의 욕조에 걸려있는 해골을 발견했다. 그리고 냉장고 문을 열었다가 사람의 머리 4개가 들어 있는 것을 보고 놀랐다. 다머는 체포된 뒤에 남자 17명을 살해했다고 자백했다. 욕조에 걸려 있던 해골은 8번째 희생자의 것이었다. 그는 또 한 피살자의 살을 '소금과 후추, 그리고 A-1 소스'로 간을 해서 먹었다고 주장했다. 법정에서 그는 15건의 살인 혐의에 대한 유죄 판결을 받고 15차례의 종신형에 다시 150년형을 추가로 선고받았다.

그는 3년 뒤인 1994년 11월에 동료 수감자 손에 살해되었다. 심리학자들은 다머의 정신병적인 기질이 어디에서 나온 것인지 논쟁을 벌였고 결국어린 시절에 겪은 가정불화가 원인이라고 판단했다. 그의 부모는 심하게 싸웠고 이혼을 하였다. 그리고 그를 두고 떠나 버렸다. 또한 다머는 8세 때 이웃집 아이로부터 성적으로 괴롭힘을 당한 경험이 있었다는 사실이 나중에밝혀졌다. 다머는 재판을 받으면서 자신을 정신이상으로 판정하여 줄 것을요구하였으나 기각되었다. 다머는 체계적인 살인범의 여러 가지 특성을 보이는 한편, 비체계적인 특성이 혼재되어 나타나는 범인이었다. 이를테면 피해자들을 꼬일 때 돈을 주겠다면서 유혹하여 데리고 간다거나 증거인멸을위해 노력하는 것 등은 분명히 체계적인 행태이나 희생자를 죽인 뒤에 성행위를 하고 살점을 먹는 등의 행위는 분명히 비체계적인 행위이다. 즉 혼합형의 연쇄살인범의 특성을 가진 연쇄살인마였다.

### ③ 뒤셀도르프의 뱀파이어 사건

1930년 5월, '뒤셀도르프의 뱀파이어(Vampire of Düsseldorf)'가 결정적인실수를 하였다. 그는 쾰른에서 20세 여자를 자신의 차에 태웠다. 시골에서 일자리를 찾아 쾰른에 막 도착한 마리아 부들릭Maria Budlick이라는 아가씨였다. 그는 그 여자를 아내와 함께 사는 아파트로 데리고 가 강간을 시도했고, 인근 숲으로 끌고 가서는 목을 조르기 시작했다. 그러나 갑자기 꽉 쥐고 있던 손을 풀고는 여자에게 자신의 주소를 기억하느냐고 물었다. 여자가 주소를 기억하지 못한다고 하자 그는 여자를 놓아 주었다. 여자는 이 일을 경찰에 신고하지 않았지만 친구에게 보낸 편지에 그 내용을 썼다. 그런데 수신인 주소가 잘못되어 편지는 우체국으로 반송되었고, 그 바람에 우체국 직원이 편지를 뜯어보았는데 사태의 심각성을 깨달은 직원이 곧바로 경찰에 신고하였다. 그리고 경찰은 마리아를 찾아냈으며 마리아는 자신을 공격한 남자의 주소를 정확히 기억하고 있었다.

집으로 간 경찰은 범인의 아내로부터 자신의 남편이 '뒤셀도르프의 뱀파이어'임을 자백 받았다. 그의 이름은 '피터 쿠르텐Peter Kürten'이었다. 재판 과정에서 쿠르텐은 자신은 정신이상자이므로 재판을 받을 수 없다고 청원했다. 그러나 그의 청원은 기각되었다. 그는 유죄 판결을 받았으며 참수형을 선고받았다. 감옥에서 그는 칼 베르그 교수에게 모든 것을 솔직하게 털어 놓았다. 그는 쾰른-뮐하임에서 모래 거푸집을 만드는 일을 직업으로 가지고 있던 남자의 13자녀 중 한 명이었다. 그의 아버지는 툭하면 아내와 아이들을 구타하는 술주정뱅이였으며, 나중에는 근친상간으로 유죄 판결을 받고 교도소에 수감되었다.

쿠르텐은 어린 아이일 때 이미 동급생의 머리를 물속에 밀어 넣어 살해를 시도할 정도로 강한 폭력성을 보였다. 베르그 교수는 쿠르텐이 아주 이른 나이에 성에 눈을 떴다고 했다. 쿠르텐은 떠돌이 개를 잡는 사람을 도와 개를 고문하고 죽이는 행동을 통해 성적인 쾌감을 구했다. 그는 13세 때 이미 수간(獸姦)을 하기 시작했다. 그리고 그 뒤에는 상습적으로 방화를 저질렀다. 그는 이렇게 말했다. "불길이 타오르는 것을 보면 기분이 아주 좋았습니다. 하지만 무엇보다 재미있는 것은 불을 끄려는 사람들의 흥분한 모습과 자기 재산이 잿더미로 변하는 것을 보고 미친 듯이 펄쩍 뛰는 사람들의 표정이었죠." 베르그 교수는 살인범의 솔직함과 지성. 그리고 지난 20년 동안 저질렀던 범행들을 모두 기억하는 그의 기억력에 놀랐다. 쿠르텐은 16세 때 밀랍으로 만든 인형들로 꾸민 어떤 박물관에 마련되어 있던 '공포의 집'에 들어간 적이 있었다. 이때 그는 친구에게 "나는 나중에 커서 이 방에 있는 무시무시한 사람들처럼 유명해질 거야."라고 말했다고 한다. 그는 또 베르그 교수와 인터뷰를 하는 동안에도 자신이 하는 말을 기록하는 젊은 여자 속기사의 목구멍을 바라보면서 그녀를 목 졸라 죽이고 싶은 강렬한 충동에 사로 잡혔다는 말도 했다. 재판을 받을 때 쿠르텐은 이렇게 말했다. "나는 내가 증오하던 사람을 죽이지도 않았고 사랑하던 사람을 죽이지도 않았다. 다만 살인충동이 나를 사로잡는 바로 그 순간에 내앞에 맞닥뜨린 사람들을 죽였을 뿐이다." 그는 사형이 집행되기 전에도 배불리 식사를 했다. 그리고 사형을 집행하는 사람에게 이렇게 말했다고 한다. "과연 내가 잠시 동안이나마 내 목에서 피 뿜는 소리를 들을 수가 있을까? 그럴 수만 있다면 모든 즐거움을 끝장내는 마지막이 되겠지."

쿠르텐은 1883년 출생하였고, 1923년 결혼하였다. 9건의 살인과 7건의 살인미수 혐의로 기소되어 경찰 조사에서 난잡한 강간과 살인 및 사체 절단 행위를 인정하였다. 그의 범죄는 17세부터 시작되었다. 절도사건 등으로 교도소를 들락거리고 47년을 살면서 20년을 감옥에서 보냈다. 최초의 살인은 1913년 퀼른-뮬하임에 있는 한 여관의 창가에서 여관집 주인의 딸을 목졸라 살해하고 시체의 목을 밴 것이며, 그 시기를 기점으로 1929년 주로 젊은 여성과 소녀들을 상대로 무려 23회에 걸쳐 범행하였다. 젊은 여성이 무려 24군데나 가위에 찔린 사건도 그가 한 짓이었다. 9세 소녀를 가위로 찔러 살해하고 시체를 태우려는 시도를 하기도 했으며 술 취한 남자를 살해하고 사망자의 상처에서 솟아나오는 피를 마시기도 하였다. 피해자 중에는 5세 소녀 2명도 포함이 되어 있었다. 나중에는 범행도구인 가위를 버리고 망치를 도구로 삼았다.

### ④ 잭 더 리퍼 사건

1888년 8월 31일부터 11월 9일까지 10주간에 걸쳐서 영국 런던의 번화한 이스트 엔드에서 창녀들이 연쇄적으로 무참히 살해되었다. 범행장소는 대영 제국의 영화가 끝나가던 빅토리아 시대의 런던, 가스등이 켜진 으슥한 길가 혹은 뒷골목이었다. 8월에서 11월까지 '잭 더 리퍼(Jack the Ripper)'의 범행은 점점 더 잔인해졌고 살해 후 시체 훼손의 정도도 상상을 초월했다. 1988년 9월 이른 아침에 잭 더 리퍼는 한두 시간 남짓한 짧은 시간에 두 명의 여자를 연속적으로 살해했다. 이전까지는 상상조차 해본 적이 없는 방식의 야만적인 행동이었다. 경찰에 보낸 여러 통의 조롱 편지가 신문에 게재되면서 그 끔찍한 사건은 언론의 대대적인 조명을 받았다. 그러나 런던 경시청의 엄청난 노력에도 불구하고 잭 더 리퍼는 잡히지 않았다. 불상의 범인은 창녀들의 자궁을 찢었고 몸속의 장기들을 밖으로 빼어내고 심장을 따로 챙겨가는 잔혹한 범행을 하였다. 당시 사건 수사에 참여한 수사관들은 범인의 특징을 다섯 가지로 추정하였다. 그 내용은 ①평균보다 작은 신장의 백인 ②1888년 당시 20~40대의 나이 ③노동자나 하층민의 복장을 하진 않았을 것 ④범인의 거주지는 이스트앤드 지역 ⑤의학적 시술 경험이 있다는 것이었다. 이 시기에 위 다섯 가지의 범인을 특징을 추정한 것은 오늘날의 프로파일링의 시작이라고 보아도 무방할 것이다. 연쇄살인 사건이 벌어지는 동안 'Sental News Agency'라는 보도기관으로 자신이 살인자라고 칭하는 자가 두 통의 편지를 보내왔는데 그 내용은 '내가 살해하는 대상은 매춘부들이다. 모조리 사라질 때까지 계속 죽이겠다.'는 것이었다. 그 편지에 'Jack the Ripper'라고 서명이 되어 있어 오늘날까지 '잭 더 라퍼'사건이라고 불리고 있다. 이 사건의 범인은 피해자들을 강간하는 등의 직접적인 성교 행위는 없었다. 그런 이유로 당시에는 성범죄와의 연관성을 찾으려 하지 않았다. 그러나 희생자들이 섹스와 밀접한 연관관계를 가지고 있는 창녀였고, 범인이 피해자들을 살해하는 과정에서 그녀들의 하반신을 벗기고 자궁을 찢는 등의 수법으로 보아 범인의 행위는 성적인 것과 무관하지 않았을 것이다.

### ⑤ 테드 번디Ted bundy 사건

연쇄살인범 테드 번디는 1974년 1월 31일부터 1978년 2월 9일 사이에 미국의 시애틀, 솔크레이크시티, 아스펜, 탈라하시에서 모두 15명의 여성을 연쇄살해하였다. 그는 피해 여성들을 강간하고 아주 잔인하게 살해하여 세계적으로 악명을 떨쳤다. 그는 당대의 유명한 살인범이 되었다. 그 이유

중 한 가지는 아마도 얼굴 윤곽이 뚜렷하게 드러난 그의 사진을 본 많은 사람들이 그를 끔찍한 살인범일 리가 없다고 생각했기 때문일 것이다. 보기에 따라서 상당한 성적 매력을 지닌 핸섬하고 명석한 젊은 남자 테드 번디는 언론 매체에 의해 "잘생긴 청년, 신사답고 깔끔한 법학도, 멋진 친구, 자비롭기까지 한 살인자, 희생자를 신속히 살해한 멋진 연인" 등으로 치장되었다. 그러나 테드 번디는 언론의 치장과는 달리 성격이 비비 꼬인 짐승같은 새디스트였다. 그가 마지막으로 강간했던 12세의 여자 아이의 얼굴을 진흙 속에 처박아 질식사시킨 것만 보아도 그것은 분명했다. 테드 번디는 능란한 말재주로 젊은 여자들을 으슥한 곳으로 유혹해 팔에 두른 깁스나 차 좌석 밑에 숨겨 가지고 있던 짤막한 쇠지레로 그들을 후려쳤다. 그런 다음 완전히 의식을 잃었거나 반쯤 잃은 여자와 거친 성행위를 했는데, 그가 좋아하는 행위는 계간(鷄姦)이었다. 그 행위가 끝나면 희생자들을 목 졸라 죽였고 때로는 범죄현장에서 수백 킬로미터나 떨어진 곳까지 시체를 실어 날랐다.

테드 번디는 조부모 밑에서 자랐는데 어려서부터 공부를 잘해서 진학을 위해 조부는 시애틀에서 솔트레이크시티로 이사를 하였다. 평소에 내성적이고 조용한 성격이었던 그는 마음 속 깊은 곳엔 이중인격, 다중인격체인 아주 난폭한 '톰'이 자리 잡고 있었다. 사형이 확정된 뒤에 그는 '톰'이 범죄를 지시하였다고 진술하여 충격을 주기도 했다. 그는 폭스바겐을 몰고 다니면서 여자들을 유혹하여 차에 타도록 했으며 흉기로 폭행한 후 강간을 하고 살해하는 방식으로 범행을 저질렀다. 대다수 피해자들이 나이 어린 여성들인 것으로 보아 자신보다 약한 존재에 대하여 폭력적인 성향을 보였다는 것을 알 수 있다.

그는 범행의 시작이 우연히 이웃집 여자가 불이 켜진 방에서 옷을 벗는 것을 보게 되면서부터라고 진술하였다. 그는 범행 후 불심검문 중이던 경찰에 의하여 차안에 소지하고 있던 범행도구인 수갑, 칼, 마스크가 발견되어 체포되었다. 그는 재판 과정에서 변호사를 선임하지 않고 스스로를 변호하였는데, 그것을 본 미국인들이 그의 말솜씨에 매료되었다고 한다. 1978년 12월 30일에 수감 중이던 교도소 천정을 뚫고 탈출에 성공하였으나 곧바로 검거되었다. 교도소를 탈출하여 검거되기 직전까지 플로리다의 탈라하시 여대생 기숙사에 침입하여 곤봉으로 4명의 여대생을 구타하여 살해하였는데 그중 한 여대생의 유방과 엉덩이를 잔인하게 이빨로 물어뜯었다가 체포된 후 치열 대조에 의하여 범행이 인정되었다. 그는 1989년 전기의자로 사형이 집행되었다. 테드 번디 사건으로 인하여 연쇄살인범은 모두 흉악하고 혐오스러운 외모를 가지고 있을 것이란 고정관념을 바꾸는 계기가 되었다. 또한 연쇄살인범 중에는 반듯하고 잘 생긴 미남형의 청년도 얼마든지 있을 수 있다는 교훈을 주었다.

## (6) 국내 연쇄강간범죄사건 사례

### ① 충남 공주 목부 연쇄강간사건

범인 강창구는 목부 생활을 하던 자로 1983년 7월 31일 19시경, 공주군의 소룡골 계곡에서 목욕을 하던 이 마을 주민 홍○○를 발견하고 욕정을 느껴 뒤에서 피해자의 목을 졸라 물속에 빠트려 실신시키고 강간한 후, 피해자가 목욕 중 심장마비로 익사한 것처럼 위장하기 위하여 머리를 물속에 넣어 질식사시키고 시체를 유기하는 등 1987년 4월 1일까지 동일한 수법으로 총 7회에 걸쳐 피해자들을 강간, 살해(미수 1회 포함) 후 사체를 유기하였다. 범인을 검거함으로써 밝혀진 3건의 강간살인사건에 대하여 당시 경찰이 단순변사로 처리하였던 문제점이 발견되었다. 또한 사건 수사가 활발히 진행되는 과정에 범인이 초등학교 동창생인 경찰관에게 접근하여 수사진행상황을 묻자 동창생이 수사진행상황을 함부로 말하여 주는 등의 수사기밀 유지를 소홀히 한 점이 드러나기도 하였다.

### ② 성남 발바리사건

경기도 성남시 주택가를 돌며 연쇄 성폭행을 저지른 범인 김○○(45)가 검거되었다. 범인은 가스검침원을 가장하여 가정집에 들어가 여대생을 성폭행하려다가 도망쳤고, 유전자 분석으로 검거되었는데 그 결과 2007년 12월부터 2010년 5월까지 성남 수정구 3건, 중원구 6건, 남양주 1건 등 모두 10건의 연쇄 성폭행을 일삼은 것으로 밝혀졌다. 범인은 집 앞에 차단막을 설치하고 외부와 접촉을 거의 하지 않을 정도로 전형적인 은둔형 외톨이로 범행 후 증거를 남기지 않으려고 피해자의 몸을 물 티슈로 닦는 등 치밀하게 범죄를 행하였다. 이 사건은 '성남 발바리' 사건으로 불리었다.

### ③ 수원 발바리사건

경기도 수원시 일대에서 야간에 여성이 혼자 사는 집만을 골라 침입해 흉기로 위협하고 성폭행을 일삼아 온 일명 '수원 발바리'사건의 범인 이○○

(38)가 검거되었다. 이〇〇는 2003년 10월 수원의 주택가에서 흉기로 A씨 (20)를 위협해 성폭행하는 등 모두 9명의 여성을 상대로 강간 또는 강간미수의 범행을 저지르고 4차례 절도를 한 것으로 밝혀졌다. 범인은 9월 주거침입 절도로 조사를 받는 과정에서 유전자 분석에 의하여 범행이 들통났다. 수원지법 형사11부는 범인에게 징역 25년을 선고하고 신상정보공개 및 고지 10년, 위치추적장치 부착 30년, 성폭력 치료 프로그램 80시간 이수를 명령하였다. 수원권 내 동일한 관할구역으로 볼 수 있는 장소에서 지속 발생한 사건으로 평소 강력범죄를 통합, 조정, 관리하는 전담기구의 필요성이 부각된 사건이다.

### ④ 서울 서부 발바리사건

'서울 서부 발바리'로 불리는 사건의 범인 박〇〇(55)가 유전자 분석으로 검거되었다. 범인은 2002년부터 2013년 1월까지 약 11년 동안 서울 마포구, 서대문구, 은평구 일대에서 혼자 사는 여성 9명을 성폭행하고 5,600만 원의 금품을 강취하였다. 범인은 2002년 10월 29일 새벽 서울 마포구 성산동 소재 다세대 주택에 침입하여 홀로 자고 있던 20대 여성 B씨를 성폭행하고 가방을 훔쳐 달아난 등 지난 11년간 여성 9명을 상대로 범행한 것으로 알려졌다. 범인은 2001년에도 240여회의 절도 범행으로 징역을 선고받은 바 있으나 성폭행 범죄에 대해서는 조사를 받은 적이 없었다. 2010년 'DNA 신원 확인 정보의 이용 및 보호에 관한 법률'이 개정되면서 절도 피의자의 유전자를 채취할 수 있게 되어 검거하게 된 것이다. 범인은 고가의 수입브랜드 오토바이를 타고 다니는 등 훔친 돈으로 호화생활을 한 것으로 드러났다. 또한 그는 부인과 두 명의 딸을 둔 평범한 가장이었으나 그 이면에는 여성을 성폭행하고 금품을 훔치는 강도강간범의 잔혹함이 숨어 있었다.

### ⑤ 경기 동남부권 발바리사건

'경기 동남부권 발바리'사건의 범인 최○○(38)가 CCTV 차량수사와 유전자 분석으로 8년 만에 검거되었다. 범인은 2012년 4월 9일 23시 55분경 경기도 광주시의 한 버스 정류장 부근에서 귀가하던 A씨(당시 24)를 뒤따라가 폭행하고 비닐하우스로 끌고 간 뒤 흉기로 위협하고 구강성교를 강제하는 등 추행하였다. 이와 유사한 수법으로 2005년 4월부터 2012년 11월까지 용인과 광주 일대에서 12~24세 여성 15명을 버스 정류장 인근 창고, 공사장, 다리 밑 등으로 끌고가 강제추행을 한 혐의를 받고 있다. 피해자 중에는 10대 미성년자가 7명이나 되는 것으로 밝혀졌다. 범인은 2003년 이혼 후 일정한 직업 없이 도박판을 전전하며 생활하여 왔다. 도박판에서 돈을 잃거나 자신의 처지를 비관하는 등 불만이 생겼을 때면 버스 정류장 부근을 배회하며 어린 여성들을 상대로 범행한 것이라고 한다. 범인은 모자, 마스크 등을 착용하고 가족 명의의 차량을 타고 다니며 범행, 수사에 혼선을 주었다. 범인은 처벌을 적게 받으려는 목적으로 강간을 피한 것으로 알려졌으나 처벌 수위에는 큰 차이가 없다는 것을 알고 낙심하였다고 한다. 피해자의 몸에서 채취한 범인의 정액 등 증거자료의 소홀함이 부분적으로 드러나 문제가 되었던 사건으로 초동수사 현장에서의 과학수사요원의 역할이 얼마나 중요한지를 널리 알린 사건이다. 몇 건의 범행현장에 임장한 과학수사요원이 임용된 지 몇 개월에 불과한 직원이었던 것으로 드러났다.

## ⑥ 신림동 발바리사건

지문을 남기기 않기 위하여 고무장갑을 끼고 여성을 성폭행하는 등 서울 관악구 일대를 공포로 몰아넣었던 '신림동 발바리'가 7년 전 현장에 남긴 쪽지문 때문에 덜미를 잡혔다. 옥탑방이나 반지하방에 혼자 사는 여성을 노려 상습적으로 성폭행한 전○○(39)는 성폭력범죄의 처벌 등에 관한 특례법 위반으로 구속되었다. 그는 2006년부터 2012년 7월까지 여름철 창문이나 현관문이 열려있는 여성 혼자 사는 집에 들어 가 '나를 정면으로 쳐다보면 죽여 버리겠다.'면서 흉기로 자고 있던 여성을 위협하고 12차례에 걸쳐서 성폭행하였다. 그는 지문을 남기지 않기 위하여 피해자 주방에 있던 고무장갑을 끼고 성폭행을 하기도 했으며 유리 창문을 깨고 집안으로 들어갈 경우에는 박스테이프를 붙여 소음을 줄이는 등 치밀함을 보였다. 그는 주로 오전 2~3시쯤 여성이 무방비 상태인 시간대를 골라 범행을 저질렀으며 2004년부터 자신이 살고 있던 동네 골목길의 구조를 잘 알고 있어 도주하기 쉬울 것이라는 생각에 상습적으로 범행을 저지른 것으로 밝혀졌다. 미제로 남을 것 같았던 그의 범행은 국립과학수사연구원 DNA 분석 기술이 발달하면서 꼬리가 잡혔다. 경찰은 7년 전인 2006년 범행현장 외벽에 남은 지문을 찾아냈으나 모양이 완전하지 않은 쪽지문인 탓에 분석이 쉽지 않아 수사를 진전시키지 못하다가 분석기술의 발달로 지난해 지문의 주인이 전○○라는 것을 확인했다. 용의선상에 올랐던 그의 DNA를 채취 해 국과수에 감정을 의뢰한 경찰은 미제성폭행 사건 5건의 범인과 전○○의 DNA가 일치한다는 결과를 통보받고 전○○를 긴급 체포했다. 경찰은 그가 "자신의 얼굴을 보지 못하도록 피해자를 위협했고 지문을 남기지 않으려고 고무장갑을 끼는 등 범행이 치밀함을 보였을 뿐만 아니라 평범한 이웃이었기 때문에 오랫동안 의심을 받지 않았다."고 하였다. 그는 실제로 낮에는 강남구 대치동의 한 한식당 주방장으로 근무하며 평범한 생활을 해왔다. 그는 범행동기에 대하여 "술 한 잔 마시고 했다. 특별한 이유는 없다."라고 진술하였다.

## (7) 연쇄강간범죄 수사

### ① 초동수사

ⓐ 사건 신고접수 : 연쇄강간범죄의 초동수사에서는 여러 가지 단계를 거치게 되는데 이는 경찰의 기본적인 수사절차일 뿐만 아니라 가해자의 유죄를 명확하게 입증하기 위한 조치라는 점이 더 중요하다. 대부분의 강간 등을 포함한 성범죄 사건이 112 신고전화를 통해서 경찰기관에 접수되는데 전화 받는 요원의 접수 시 안내사항이 극히 중요하다. 우선적으로 경찰관이 범죄사건 발생장소로 신속하게 이동할 것이라는 점을 알려주어서 피해자 또는 신고자를 안심시켜야 하고 가해자의 연령과 키, 옷의 색깔, 머리 모양 등을 질문하여 확인해야만 한다. 부연하면, 접수요원은 친절한 언사와 침착한 대응으로 신고자에게 심리적인 안정감을 주어 약간은 편안한 상태에서 신고내용에 대하여 정확한 내용을 말할 수 있도록 유도하여야 한다. 신고접수요원이 사건의 중대성을 알고 당황하거나 서두르는 모습이 신고

자에게 전달되면 오히려 신고자는 자신의 신고에 대하여 부담을 느껴 있는 그대로의 내용을 진술할 수 없는 경우가 아주 많다. 이어 피해자에게 속옷 등을 갈아입거나 폐기하여서는 절대 안 되며 반드시 보존하여 제출하여야 한다는 점과 사건 현장을 청소하지 말고, 목욕을 해서도 안 된다는 것을 정확하게 고지함으로써 증거 훼손이 되지 않도록 조치를 하여야 한다.

ⓑ 현장출동 : 다음으로 현장출동과정이 있는데 강간사건을 접수한 후에 출동을 지시받은 경찰관은 즉시 카메라와 성폭력 응급키트와 같은 성범죄 관련 경찰장구를 휴대하고 현장으로 최단시간 내에 접근해야 한다. 늦게 출동할 경우에 추가적으로 피해자에게 가해자가 위해를 가할 수 있기 때문이다. 아울러 경찰서 내의 과학수사팀 출동을 요청한 후 전문상담과 치료를 위하여 해바라기센터, 1366센터와 같은 연락처 등을 고지하고 피해자에게 안내서를 배부한다.

지구대와 파출소에서는 성범죄 피해자로부터 피해조서를 작성하지 않도록 하고 여경, 팀장 또는 소장이 성폭행 여부를 간략하게 확인한 후 본서에 인계해야 한다. 통상적으로 다른 범죄사건은 지구대와 파출소에서 1차 조서를 작성한다. 하지만 성범죄의 경우에는 정신적 충격이나 사법기관에 의한 2차 피해의 우려가 있기 때문에 전문가 또는 전문가의 입회하에 경찰서에서 본조사를 시행하는 것이 중요하다. 만약 친족에 의해 발생한 아동성범죄 사건에 현장출동을 한다면 피해아동의 상태를 확인 후 의료기관 인도 등의 응급조치를 우선적으로 취해야만 한다. 피해아동을 보호할 수 있는 가해자 외의 성인이 있는지를 확인한 후, 보호자가 있을 경우에는 지체없이 사실을 통보하고 지원을 요청해야 한다. 가해자 체포 시에는 피해아동이 죄책감이나 미안함을 느낄 수 있으므로 피해자와 가해자를 분리한 후 체포를 해야 한다. 현장에 출동한 경찰관은 시, 군, 구청장 등에게 아동복지법 규정에 의해서 보호조치를 의뢰할 수 있다. 현재 법률제도상의 미비로 인해서 아동에 대한 직접적인 경찰의 보호조치는 불가능 하도록 되어 있는 실정이다. 연쇄범죄사건 중 특히 강간사건에 있어서 피의자를 특정할 수 있는 여러 가지 자료가 있는데, 피해자가 가지고 있는 사회적, 환경적 배경과 피해자가 접촉한 사람의 내역, 피해자가 강간피해를 당한 시간대에 피해자를 방문한 사람, 현장에서 발견된 흉기, 지리감 또는 연고감을 가지고 있거나 범행의 기회를 가질 수 있는 자, 범죄현장과 피해자에게 접근할 수 있는 사람의 존재여부, 실제로 강간이 일어난 시간대에 주변에 있었던 사람, 피해자의 심한 반항이나 반격에 의해서 상처를 입은 사람, 주변에서 발생한 유사한 강간사건의 피의자 등이 해당한다.

ⓒ 피해자구호와 진단서 발부 : 현장에 도착한 경찰관이 제일 우선적으로 해야 할 일은 피해자를 병원으로 후송하여 치료받을 수 있도록 조치를 취하는 것이다. 그리고 피해자가 입은 신체적인 피해의 즉각적인 치료는 물론 심리적인 충격에 의한 정신과적인 치료를 요하는 경우가 많음을 인식해야 한다. 피해자에 대한 의학적 치료와 더불어 상해진단서를 발부받아 이를 사건기록에 반드시 첨부해야만 한다. 첨부한 의사의 진단서에는 반드시 피해자의 신체적인 외상내용, 강제적인 성교가 이뤄졌다는 사실을 증명하는 내용, 그리고 기수와 미수를 가리기 위한 성기의 삽입여부, 피의자를 특정할 수 있는 증거 등이 내용으로 들어가야 하며 피해 당시의 상황은 진단서의 내용으로 적절하지 않기 때문에 이는 제외한다.

ⓓ 피해자 조사 : 피해자 조사 시 피해자의 상태에 따라서 피해 당시의 상황이나 범인에 대한 조사가 이뤄져야 하는데 피해자가 심한 심리적 충격을 받은 경우거나 병원 치료중인 경우에는 간단하고 중심적인 부분과 수배를 위한 피의자의 인상착의 정도를 묻는 선에서 끝나야 한다.

경찰서장은 성폭력전담 수사관을 지정하여 성범죄 피해자를 조사하도록 지시해야 하며 피해자 조사 시 공개된 장소에서의 조사 및 증언요구로 인해서 신분노출이 되지 않도록 유의해야 한다. 성범죄 피해자, 특히 연쇄 성범죄의 피해자에 대한 상담기법 가운데 가장 효과적인 것이 현실요법으로서 선택이론을 기반으로 하고 있다. 처음에는 피해자가 원하는 것이 무엇인가를 질문하고(바람선택), 피해자가 지금까지 해온 행동이나 이야기의 패턴을 탐색하며(행동탐색), 이를 기초로 하여 피해자의 행동이 어떤 도움이 되었는지를 스스로 평가하게 한다.(바람, 행동에 대한 자기평가) 마지막으로 피해자가 구체적으로 자신을 위해서 실천할 수 있는 계획을 수립하도록 유도(계획수립)한다. 이상의 과정을 통해서 성범죄 피해자의 심리적인 손상을 일정 부분 케어가 가능하다.

## ② 증거채취와 목격자 조사

성범죄 사건의 증거채취는 세 가지 유형으로 나뉘어서 진행된다. 우선적으로 상해의 확인이 있는데 병원에서 상해진단서의 발부, 사진촬영 또는 상해부위도를 작성하여 피해자의 상해 정도를 확인해야 한다. 다음으로 정액 채취가 있는데 사건발생 후 24시간 이내에 폭행할 당시의 옷차림으로 씻지 않고 병원에 방문하여 치마, 바지, 속옷 및 외음부 등을 정밀 검색하여 정액을 채취한다. 음모 수거 역시 중요한 요소인데 피해자의 성기부위의 음모를 가는 빗으로 빗질하여 이때 떨어지는 음모를 모두 수거해야 한다. 이때에 반드시 피해자 본인이 하도록 해야 하며 심각한 신체상해로 인해 불가능할 경우 전문의의 입회 또는 간호사의 입회하에 도움을 주도록 해야 한다. 범행현장에서 채취된 모발이나 음모, 피의자의 단추 등을 모두 수거 하여 차후의 수사과정에 중요한 자료로 활용해야 한다.

목격자 조사는 신고자가 직접적인 목격자인 경우에 그 신원을 확인해야 하며, 통상적으로 강간사건의 경우에 직접적인 목격자를 찾는 것이 쉽지 않 기 때문에 범행 전과 후의 목격자를 확보할 수 있도록 수사관이나 현장요원 은 최선의 노력을 다해야 한다. 피해자가 최초로 도움을 청한 사람은 당시 의 피해상황과 내용에 대해서 가장 중요한 참고인이므로 증거확보 차원에 서 반드시 조사를 하여야 한다. 단, 그 사람은 제3자이고 직접 당사자가 아 닌 점을 고려하여 수사 협조를 위한 다양한 내용 파악과 질문, 확인과정에 대하여 사전에 준비하는 것이 반드시 필요하다. 중요한 목격자에게 현장 경 찰관이 말실수 등으로 얻을 수 있는 범행정보를 놓치는 사례가 많음에 주의 하여야 한다. 평소 현장에 출동하는 경찰관들에게 중요 참고인 조사에 대한 조사 기법을 숙지토록 하여야 한다.

### ③ 범인체포 및 조사

성범죄를 체포함에 있어서도 역시 수사와 관련한 조사 착안사항들이 존 재한다. 우선적으로 사건이 발생한 이후에 얼마 되지 않아서 범인이 체포된 경우에는 범인의 신체에 피해자가 저항하는 과정에서 긁히거나 물리거나 또는 멍든 자국이나 상처 등이 있는지를 확인해야 한다. 피해자가 묘사하거나 설명한 범인의 신체적 특징, 상처자국, 문신 등이 있는지도 확인해야 한다.

유전자감식을 통해서 범인의 범행을 인정받도록 하기 위해서 용의자의 혈액이나 모발 등을 채취하여야 한다. 체포 시에는 관련된 다른 증거물을 수색하여 압수해야 하며, 그 중 핸드폰이나 흉기 등은 중요한 자료가 될 수 있다. 가해자 조사과정에서 수사관은 혐의를 입증할 수 있다는 자신감을 견지하되 되도록이면 부드러운 용어를 사용해야 한다. 가해자가 위축될 수 있도록 만드는 위압적, 강압적 용어의 사용이 있어서는 안 된다. 최초 조사 시에 강간여부 등 범죄의 본질적인 내용에 대한 추궁보다는 주변적인 사항에 대한 질문부터 실시하는 것이 효과적이다. 질문방법은 초기에 단답형의 질문을 사용하고 가해자가 서술식으로 진술하도록 유도하는 것이 필요하며, 후반부에는 세부적인 사항을 일문일답식으로 질문하는 것이 유리하다. 시간의 흐름 순에 따라서 피해자와 처음 만났을 때부터 피해자와 나눈 대화의 내용, 범죄현장으로의 이동경로, 범죄 후의 행동 등 포괄적인 사항을 면밀하게 조사하는 절차가 필요하다. 사건을 진행하던 중 부득이하게 대질조사가 필요할 때는 신중을 기하여야 하며 최후의 수단으로 극히 예외적으로 실시하여야 한다. 가능하면 대질조사를 하지 않고 1차 피해조서, 2차 피해조서, 3차 피해조서 방식으로 대질조서에 갈음할 수도 있다. 대질조사 시에도 진술녹화실을 사용하고 영상녹화 시에도 직접 대면하지 않도록 하는 것이 옳다. 조사 후에는 피해자와 가해자의 귀가, 이동에 있어 시차를 주어 대면하지 않도록 배려하여야 한다.

## ④ 연쇄강간범죄 수사 시 유의사항

일반 강간사건이건 연쇄강간사건이건 공통적으로 지켜야 할 사항은 피해자의 신원, 연락처 등이 가해자 및 언론에 노출되지 않도록 비밀을 유지하여야 하고 상담 및 치료를 위하여 전문 NGO(성폭력, 가정폭력 상담소)와 연계하여야 하며 피해자 조사 시에 전후 상황을 판단하여 원스톱 지원센터에 연계하여 상담, 의료, 법률 등을 지원하여야 한다. 성범죄 관련 사건에서 이상범죄, 연쇄범죄의 가능성이 예측되는 사건 수사는 일반적인 강간사건 수사의 방법 및 태도에서 벗어나 강간범의 심리 및 행동적 패턴을 분석하고 이후의 움직임을 예측할 수 있어야 한다. 이를 간과하여 여전히 일반 성범죄 사건의 패턴대로 수사를 진행하는 것은 대단히 위험한 일이다. 그동안 국내에서 발생하였던 연쇄 성범죄의 경우, 대부분이 최초 성범죄 사건 수사를 담당했던 수사관들이 관행적인 수사에 안주함으로써 조기 검거의 실패는 물론, 최소한 더 이상의 범죄 피해가 없도록 막을 수 있는 기회까지도 잃어버린 사례가 많다. 따라서 최초 범죄 수사를 담당했던 수사관은 자신이 취급하고 있는 사건이 연쇄 성범죄로 의심이 되면 먼저 범죄자가 선호하는 피해자의 특성 등을 파악하여 범죄자의 심리적, 성격적, 행동적 패턴을 분석하여야 한다. 그렇게 하여 일단 어떤 특성을 갖춘 피해자가 범죄자의 선호대상인지 파악되면 특정 지역 또는 부류에 수사력을 집중할 수 있어 효과적인 수사를 실시할 수 있고 부수적으로 수사경제적인 측면에서도 인적, 물적 수사자원이 절감될 수 있다.

범인을 특정함에 있어 사건발생 시 관련 정보를 수집하여 용의자의 심리적, 성격적, 행동적 특성을 조합, 가상의 용의자를 유형화하면 용의자를 조기 검거할 가능성이 높아지는 것이며, 향후 벌어질 범죄행위를 조기에 검거하고 차단하기 위하여 피해자의 특성을 신속히 분석, 대처하는 것은 아주 중요하다.

### ⑤ 아동 청소년 성범죄 사건 조사

최근에는 아동 등을 상대로 한 성범죄가 만연하여 사회문제가 되고 있다. 아동들은 국가의 미래이다. 그러한 아동들을 상대로 한 범행은 장차 나라의 장래를 망치는 행위로서 국가 전체를 대상으로 하는 일종의 테러행위라고 하여도 무방할 것이다. 최근 조두순, 김길태, 김수철, 고종석 같은 범죄자들의 아동에 대한 성폭행은 우리사회의 아동들에 대한 무관심과 방치가 얼마나 심각한 결과를 초래하는지 보여준 극단적인 사례이다. 현재 우리나라는 아동 청소년 대상 성범죄의 처벌과 특례를 규정함으로써 피해아동과 청소년을 위한 구제 및 지원하는 절차를 마련하고 아동 청소년 대상 성범죄자를 체계적으로 관리하고 있다. '아동 청소년의 성보호에 관한 법률'을 시행하여 아동 청소년을 성범죄로부터 보호하고 아동 청소년이 건강한 사회구성원으로 성장할 수 있도록 하고 있는 것이다. 그 내용으로는 최근 아동 청소년을 대상으로 한 업무상위력 등에 의한 추행에 있어 반의사불벌죄 규정을 폐지 (2012년 8월 2일 이후 시행)하였으며, 아동 청소년을 대상으로 한 공중밀집장소에서의 추행, 통신매체를 이용한 음란행위도 반의사불벌죄를 폐지(2012년 12월 18일 개정, 2013년 6월 19일 시행)하였고, 아동 청소년에 대한 강간, 강제추행 등의 죄의 법정형을 5년 이상의 유기 징역에서 무기 또는 5년 이상의 유기 징역으로 상향조정(2012년 12월 18일 개정, 2013년 6

년 19일 시행)하였다.

일반 성범죄와 달리 아동 청소년을 대상으로 한 범죄에 대하여는 특히 유의할 사항이 많은데 ①성폭력범죄 전담수사관을 지정하여 특별한 사정이 없으면 피해자를 전담하여 수사를 실시하여야 하며(성폭력특례법 제30조) ②19세미만 아동 청소년 또는 장애인에 대해서는 의무적으로 진술녹화를 실시하여야 한다.(성폭력특례법 제30조) ③피해자 또는 법정 대리인이 이를 원하지 않을 경우, 촬영하여서는 아니 된다. ④조사 전 신뢰관계자가 동석할 수 있음을 고지, 동석, 진술녹화제 취지를 설명하고 동의를 얻는다. ⑤13세미만 아동 또는 장애인에 대해서는 반드시 전문가 의견조회를 실시하여야 한다.(성폭력특례법 제33조) 또한 2010년 4월 25일부터 이미 시행 중인 내용으로, 피해아동이 성년에 달할 때까지 공소시효가 정지되며, DNA 증거 등 그 죄를 증명할 수 있는 과학적인 증거가 있는 때에는 공소시효가 10년 연장된다(제 20조 제1항, 제1항). 이 법 시행 전 성폭력범죄로 아직 공소시효가 완성되지 아니한 것에 대해서도 위 규정을 적용한다(부칙 제3조).

성폭력 신고 접수 시에는 ①범죄발생장소 및 피해자의 현재 위치를 확인하고 급박한 상황 여부를 신속히 파악한다. ②비노출로 출동할 것인지 여부를 확인하고, 가능한 사복을 착용하고 일반 차량을 이용한다. ③피해자 상해 정도 파악 및 119 등 신속 출동 조치토록 하고 병원으로 후송한다. ④흥분상태에 있는 피해자를 안심시키고 가해자 위치 및 인상착의를 파악하여 전파한다. ⑤증거확보를 위한 유의사항을 고지한다. 이를테면, 속옷 등 옷을 갈아입지 말고 만약 갈아입었다면 그 옷을 경찰관이 제출받거나, 양치, 세수, 목욕 등 몸을 씻지 말고 현장도 청소하지 않도록 하는 것 등이다. ⑥

가정 내 아동 청소년 성폭행 사건인 경우는 즉시 피해자를 피신시킨다. ⑦ 피해자 및 가족의 방문신고 시에는 즉시 여경 성폭력 전담수사관에게 인계하여 처리한다.

성폭력 현장에 출동할 때에는 ①경찰장구(카메라, 성폭력응급키트)를 휴대하고 경찰서 과학수사팀에 출동토록 지원 요청한다. ②현장도착 시 피해자를 구호하고 용의자 도주로, 인상착의 등을 전파한다. ③가급적 가까운 원스톱 센터로 연계하며 여의치 않을 시에는 치료 및 증거 채취 시 여경이 병원에 동행케 한다. ④지구대, 파출소에서는 피해여성에 대한 조서를 작성치 않고 격리된 장소에서 여경(여경 부재 시 팀장이나 소장)이 성폭행 여부를 간략히 확인한 후 경찰서로 인계한다. ⑤격리된 장소에서 피해여성 대기토록 하고 타 민원인에게 비밀이 누설되지 않게 한다.

특별히 친족에 의한 아동성폭력사건이 발생하면, 피해아동의 상태를 확인한 후 의료기관에 인도하여 필요한 응급조치를 받게 하고 보호조치를 실시하여야 한다. 가정 내 아동성폭력은 피해아동의 안전 확보와 적절한 치료를 위해서 예외 없이 "1366" 또는 "해바라기 아동센터"에 전화하여 인계하여야 한다. 이때 주의할 점은 가해자를 체포할 시, 피해아동이 죄책감을 느낄 수 있으므로 분리 조치 후 체포하여야 한다.

# 2. 연쇄방화범죄

## (1) 연쇄방화범죄의 정의

최근 몇 년간 방화범죄가 증가하는 추세에 있다. 특히 반복하여 불을 지르는 연쇄방화범죄가 증가하고 있어 상당히 심각하다. 방화는 공공의 안전을 극도로 위협하는 사회적 범죄이다. 특히 연쇄방화는 피해자는 물론이고 방화대상도 무작위로 선정이 되며 일련의 방화들 사이에 시간적인 간격을 예측하기 어려워 그 예방이 어렵고 위험성 또한 크다. 연쇄방화범죄는 범인들이 그 동기나 목적이 쉽게 드러나지 않고 그 대상이 무작위이며 불을 지르는데 사용되는 재료 역시 주변에서 손쉽게 구할 수 있는 것들이어서 범인에 대한 단서 확보에 어려움이 있다.

방화범죄는 국어사전적 의미로서 '일부러 불을 붙여 화재를 일으키는 행위'로 표현되고 있다. 이 정의만으로도 방화범죄에 대한 설명이 모두 된다고 볼 수 있는데, 방화범죄의 핵심은 불이라는 매개체를 동원하여 자기 또는 타인, 공공의 재물에 손해를 입히는 행위를 의미한다. 화재에 의한 사회적 피해가 큰 상황 속에서 화재를 고의적으로 유발하는 행위는 반드시 처벌되어야만 하는 범죄행위임이 분명하다고 볼 수 있다. 방화와 관련한 소방용어사전에서는 방화를 '자신의 소유를 포함한 주거지, 건물, 구조물 기타 자산 등에 의도적으로 불을 지르는 범죄행위'로 표현하고 있다. 자신의 건물이나 재산에 대해서까지 처벌하는 부분을 일반인들이 잘 이해하지 못하는 경우가 많은데, 방화재의 보호대상은 국민 전체이기 때문이다. 따라서 형사법상에 공익적 법익을 지키기 위한 범죄유형으로 볼 수 있으며, 이에 대해서 형사학자들의 의견 차이는 없는 상황이다.

연쇄방화에 대한 정의는 미국의 연방수사국과 연방방재국에서 정의 내린 내용을 따르고 있으며, 시간적인 휴식기 또는 냉각기를 두고 3회 이상의 방화를 저지른 경우를 통상적인 연쇄방화로 보고 있다. 일반적인 방화는 미필적 고의를 가졌거나 우발적으로 발생하는 경우가 많지만 반대로 연쇄방화는 명확한 고의와 의사를 가지고 있을 뿐만 아니라 이로 인해 많은 피해가 발생할 수 있다는 잠재적 의사를 가지는 경우가 많다.

방화범죄가 다른 범죄와 다른 부분은 범죄적 의도의 유무이다. 여기에는 구체성이라는 점이 연결되는데, 누군가에게 피해를 입힌다는 의식보다는 자기의 욕구나 불만을 표출하기 위한 목적에서 범죄행위를 저지르는 경우가 많기 때문에 상대적으로 연쇄성이 강할 수밖에 없다.

## (2) 현장적 특성

연쇄방화범죄에서 가장 두드러지는 특성으로는 '현장에서의 연쇄범죄'라는 것을 들 수 있다. 대부분의 범죄가 범죄발생 현장의 특성이 핵심적 수사요소가 될 수 있듯이 연쇄방화의 경우에도 일반 방화와 다른 현장에서의 주요한 특성이 존재한다.

방화범죄에 대한 별도의 프로파일링의 경우 대인범죄가 아닌 대물범죄라는 점에서 현장에서 발견되는 특성의 내용들을 통해 범죄자의 특성을 유추해내는 것이 무엇보다 중요하다. 발화지점이나 불을 붙인 도구, 방화대상물 등의 공통성을 통해서 연쇄방화의 가능성을 어느 정도 추정할 수 있으며, 특히 지리적 연고감을 통해서 근처에서 동일한 방화사건이 계속적으로 발생한 경우에 이를 바탕으로 지리적 프로파일링의 적용이 가능하다.

연쇄방화범죄에 대한 수사와 수사관련 연구에 있어서 보다 논쟁이 되는 부분은 "현장만을 중심으로 수사를 해야 하는가?"와 "심리행동적 관점의 프로파일링을 동시에 적용하여 수사를 해야 하는가?"이다. 연쇄방화범죄에 대해 많은 연구를 수행한 미국의 저명 범죄학자들 사이에서도 이에 대한 논란이 계속적으로 일고 있으며, 명확한 정답은 없는 것이 지금의 상황이다.

스튜어트Stewart는 법 과학이나 화재감식, 방화 포랜식 기법이 연쇄방화범죄 수사에 있어서 유일한 정답일 수는 없다고 주장하면서, 현장에서 발견된 자료를 기준으로 하여 행동프로파일링이나 심리프로파일링을 동시에 적용해야 한다는 점을 제시하였다. 방화에 대한 심리, 행동프로파일링도 다른 연쇄범죄 수사를 위한 프로파일링과 과정과 기법이 동일하다는 점에서 그의 주장이 어느 정도 근거가 있다는 지지를 받고 있다. 미국의 유명 범죄수사물 시리즈인 『CSI』에 보면 연쇄방화범죄에 대한 수사, 검거과정에서 심리적 프로파일링을 도입하는 장면이 많이 나오는데 이는 실제 검거건수가 낮기 때문이라는 지적도 나오고 있다. 현장이 완전 소훼(燒)된 경우에는 거의 증거가 남아 있지 않으며, 아무리 과학적 기법을 동원한다 하더라도 범인을 특정하거나 용의자를 특정화할 수 있는 방법이 없는 경우가 허다하다. 미국의 경우에 전체 방화사건의 12%에서 20%가량만이 범인이 검거되고 있는 점만 보더라도 방화범죄에 대한 수사와 범인의 검거가 어렵다는 점을 알 수 있다. 2010년을 기준으로 미국 내에서 발생하는 방화범죄의 1/5 정도만이 범인을 찾아낸다는 점 역시 방화범죄 수사가 어렵다는 점을 분명하게 보여주고 있다. 그나마 다행인 것은 현재 우리나라에서 발생한 방화범죄는 대부분 검거되고 있다는 점이고, 그 배경에는 범행현장 주변에 설치되어 있는 CCTV가 가장 큰 역할을 하고 있는 것으로 드러났다. 방화로 진단된 범죄현장에서 많은 정보와 자료를 수집하더라도 방화현장 근처에서 용의자를 촬영한 CCTV의 중요도만 못한 경우도 많다. 용의자를 특정화 하는데는 CCTV가 오히려 더 큰 역할을 하는 경우도 많기 때문에 감식반이 방화현장에 대한 조사에 소홀하고 오히려 CCTV의 영상을 확보하는 데에만 주력하는 경우도 많은 실정이다.

또한 용의자를 특정화 할 수 있는 진술이나 결정적 목격자의 출현이 방화현장의 여러 과학적 증거자료보다도 효용성이 많을 수 있다는 점에서 현장 중심의 수사가 아닌 연고중심의 수사에 치중할 수 있는 유혹이 크다는 점을 결코 간과해서는 안 된다. 연쇄방화범죄 현장수사에서 어려운 또 다른 부분은 다름 아닌 단순화재로의 위장이 용이하다는 점이다. 화재감식에서 방화는 모든 화재사건을 모방 가능하다는 공식이 있는데 이는 연쇄방화사건에서도 역시 동일하게 적용되는 내용이다. 화재와 관련한 자료들이 인터넷에 많이 올라와 있기 때문에 연쇄방화범이 마음만 먹으면 자신이 저지른 연쇄방화범죄를 우연히 발생한 화재, 또는 사고로 위장하는 것도 충분히 가능하다. 따라서 화재감식만을 가지고 현장에서 범인을 특정하거나 누구에 의해서 불이 질러졌는지를 파악하는 것은 상당히 어렵고 힘든 작업이다.

방화가 발생한 경우에 범죄감식 및 수사적 관점에서 본다면 다음의 여러 가지 특성들이 나타난다.

첫째, 불을 확대하는 촉진제 용기가 현장에서 발견되거나 또는 촉진제를 사용한 흔적이나 자국이 발견된 경우에 방화의 가능성이 높다. 촉진제로 주로 이용되는 물질로서 휘발유와 라이터기름, 시너, 윤활유, 알콜, 식용유 등이 사용된다.

둘째, 연소 확산을 위한 도구가 발견된 경우나 2개 이상의 독립된 발화개소가 식별된 경우에도 방화의 가능성이 매우 높다. 불을 지른다고 해서 큰 화재로 이어지는 것은 아니며 연소가 더 크게 이루어지고 주로 탈 수 있는 부위나 물질이 있는 곳으로 불이 전이되어야 하기 때문에 도구를 이용하거나 또는 동시에 여러 군데에 발화를 시킴으로써 확실하게 불이 커질 수 있도록 하는 것이 방화범의 속성이기 때문에 이와 같은 증거가 나올 경우 방화라는 용의점을 놓고 수사를 진행하는 것이 일반적이다.

셋째, 점화장치가 발견되거나 또는 불이 난 장소에 무단으로 침입한 흔적이 있는 경우, 범죄현장에서 다른 범죄의 증거가 발견된 경우에도 통상적으로 방화에 용의점을 두고 수사를 진행하고 있다. 점화장치로서는 주로 라이터가 이용되며 간혹 성냥이 나오는 경우도 있다. 영화에 나오는 것과 같이 자동점화장치를 제작하여 방화를 저지르는 경우는 극히 드물지만 국내에서도 나오고 있다. 무단침입의 흔적 역시 방화의 주요한 수사매개점이 된다. 자물쇠가 무숴져 있거나 잠긴 문이 열렸거나 하는 등의 상황이 수사의 착안점이 되며, 강간범죄나 살인범죄, 침입절도범죄, 침입강도범죄 등이 발생한 이후에도 범죄의 증거를 없애고자 하는 목적에서 방화를 저지르는 경우가 있기 때문에 역시 방화수사의 착안이 된다고 볼 수 있다.

넷째, 주변에서 연쇄적으로 화재가 발생하였거나 일반적이지 않은 인위적인 흔적이 발견된 경우, 발화부에서 발화하였다고 볼 수 있는 시설이나 기구, 조건 등이 발견되지 않은 경우에 방화의 가능성을 놓고 수사가 진행될 수 있다. 특히 맨 처음 제시한 주변에서 연쇄적으로 화재가 발생하였다면 이는 연쇄방화의 가능성이 아주 크며, 동시에 여러 곳에서 우연히 불이 나는 것은 실질적으로 쉽지 않은 상황이라는 점에서 수사를 진행해야 하며, 발화부에 전혀 불이 날 수 있는 조건이 없다면 이 역시 방화의 가능성을 높게 볼 수밖에 없다.

마지막으로 화재 전후의 상황이나 화재와 관련한 관계자들의 상황이나 태도, 환경이 의심스러운 경우에도 방화의 가능성을 두고 수사를 진행할 수 있다. 실제 피해를 입은 건물주나 시설주가 상황에 대해서 비관적이지 않거나 또는 보안요원이나 관리자, 방화관리자와 같은 직접적인 담당자가 사건현장에 나타나지 않는 경우, 또는 불을 구경하는 사람들 가운데에서 용의점이 있다고 판단되는 사람이 있을 경우에는 그 즉시 수사의 진행이 가능하다.

방화범죄수사나 연쇄방화범죄수사에 있어서 가장 중요한 핵심은 연계성 분석이다. 연계성 분석이란 일정한 시간적 간격을 두고서 수차례에 걸쳐서 방화가 발생하거나 또는 방화를 시도하였을 경우에 유사한 형태의 방화인지를 분석하는 과정을 의미한다. 연계성 분석과정을 통해서 연쇄방화라고 진단이 된다면 이를 기준으로 하여 연쇄방화범에 대한 수사를 진행하면 된다.

### (3) 연쇄방화범의 유형분류

연쇄방화범에 대한 분류 역시 다른 연쇄범죄에 대한 범죄자의 유형분류와 마찬가지로 많은 학자들에 의해 제시되어졌다. 연쇄살인이나 연쇄강간, 연쇄강도와 같은 연쇄범죄를 연구하는 학자들이 연쇄방화에 대해서 같이 연구를 수행한 경우와 반대로 연쇄방화 범죄만을 전문적으로 연구한 경우로 나뉠 수 있다. 각 학자들이 제시한 연쇄방화범죄자의 유형이 다 맞는 것은 아니겠지만 연쇄방화에 대한 연구나 수사, 그리고 이에 대한 형사사법적 처리에 대한 연구를 위해서는 반드시 필요한 분류기준이라고 판단된다. 특히, 방화범죄와 연쇄방화범죄에 대한 사법적 처벌과정에서 분류를 통해 교정방식의 변화가 이뤄질 수 있다는 점에서 반드시 참조를 해야 하는 대상일 것이다.

먼저 로젠바우어Rosenbauer는 가장 먼저 방화범죄에 대한 분류를 시행한 학자로서 반달리즘적 방화범, 원한에 의한 방화범, 방화광적인 방화범, 경제적 이득을 목적으로 한 방화범, 범죄은폐를 위한 방화범의 총 5가지로 분류하였다. 로젠바우어는 이들 5가지 유형 가운데에서 주로 반달리즘적 방화범과 방화광적인 방화범이 연쇄방화범으로 지칭될 수 있다고 보았다. 반달리즘적인 방화범은 반사회성을 가지고 일종의 사회적 테러나 저항 양식으로서 방화를 저지르는 경우를 말한다. 이들은 공공시설물이나 종교적 상징성을 가지는 시설, 보안성이 취약한 시설 등을 대상으로 하여 연속적으로 방화를 저지른다. 원한에 의한 방화범은 우발적인 경우가 많아서 기회적이고 일시적인 방화에 그칠 뿐이고 범죄은폐를 위한 방화도 다른 범죄행위와 동일적인 결부성과 연결성이 있어야 하기 때문에 연쇄적 방화로 전이되기는 어렵다고 판단된다. 연쇄방화와 가장 큰 관련성이 있는 것은 방화광적인 방화범으로서 정신적, 심리적 이상으로 인해 상습적으로 방화를 저지르는 경우를 의미한다.

브레드포드Bradford는 로젠바우어의 연구를 기본으로 하여 더 다양한 유형으로 방화범죄자를 구분하였다. 그의 방화범 분류연구에서 핵심은 원인을 기준으로 하였다는 점이다. 다소 난잡한 구별이라는 비판을 받기는 하지만 그래도 실질적인 방화의 원인을 정확하게 구분하려 했다는 점에서 획기적이라는 평가를 받고 있으며, 수사에 있어서 방화의 원인을 구분하는 과정에서도 이 기준이 많이 활용되고 있다. 브레드포드는 방화범죄자의 유형을 우연적/기회적 방화범죄자, 정신이상/정신착란에 의한 방화범죄자, 복수를 목적으로 하는 방화범죄자, 성적인 만족을 목적으로 하는 방화범죄자, 주변으로부터 관심을 받고자 불을 지른 방화범죄자, 전문성을 가진 방화범죄자, 어린이 방화범죄자, 그리고 복합적 동기에 의한 방화범죄자로 분류하였다. 역시 다양한 분류와 분석일 수 있는데, 이 내용을 놓고 본다면 정신이상 및 정신착란에 의한 방화범죄자와 성적 만족을 위한 방화범죄자, 그리고 전문성을 가진 방화범죄자와 주변으로부터 관심을 받기 위한 방화범죄자 등이 연쇄방화범으로서의 성격과 밀접하다고 사료된다. 이전의 로젠바우어의 분류내용과는 다르게 나타난 것이 성적 만족을 위한 방화범죄자와 전문성을 가진 방화범죄자, 그리고 주변으로부터 관심을 받고자 하는 방화범죄자인데 이 세 유형은 이전까지는 별도의 원인이나 동기로 인정을 받지 못했으나 많은 사례를 분류하여 그 동기를 연구하는 과정에서 새롭게 나타난 것으로 볼 수 있다. 실제로 우리나라에서도 최근에 불을 지른 후 자위행위를 하는 색정광적 연쇄방화범죄자가 발생한 바 있다.

우리나라에서도 방화범죄자의 유형을 분류한 학자가 있다. 대표적으로 정형근(1983)을 들 수 있는데, 그는 검사로서 수사를 수행하는 과정에서 얻은 자료를 기초로 하여 방화범죄자의 유형을 세 가지로 구분하였다. 방화광적인 방화범, 감정에 의한 방화범, 그리고 재산상의 이득을 노린 사기성 방화범이 그것인데 수사를 직접 한 사람으로서 그리고 우리나라에서 최초로 방화범죄에 대한 실증적인 연구를 통해 이를 구분하였다는데 의미를 둘 수 있을 것이다.

1983년에 인시아디Inciardi와 바인더Binder는 방화범죄에 대한 공동연구에서 역시 자신들이 연구를 위해 접한 사례를 중심으로 하여 방화범죄자의 유형을 세분화하였다. 총 9가지 유형으로 나누었는데, 복수를 목적으로 한 방화범, 반달리즘적 방화범, 범죄은폐목적 방화범, 보험사기 방화범, 성적흥분을 위한 방화범, 방화광적 방화범, 교정시설 내에서 불을 지르는 수형자 방화범, 복지사기범죄를 위한 방화범, 그리고 공명심을 위한 방화범으로 분류하였다. 앞의 학자들이 방화범죄자를 분류한 내용과 일정 부분에서 유사한 부분이 있기는 하지만 목적이 다양한 복합적 방화범 또는 방화가 범죄의 주된 목적이 아니라 수단적으로 활용한 경우를 찾아내서 이를 유형에 넣었다는 것이 중요한 의미라 할 수 있다. 특히 그가 제시한 9가지 유형 가운데서 보험금이나 국가보조금 등을 타내고자 하는 사기범죄 목적으로 방화범죄를 저지르는 경우를 제시하였는데 이 역시 새로운 연쇄방화범죄의 동기유형으로 등장한 것이다. 보험금을 한번 탄 이후에 쉽게 보험에 가입하고 나서 불이 나면 큰돈을 벌 수 있다는 사실을 알게 된 후로 연속적으로 방화범죄를 저질러 이익을 취득하는 경우가 있는데 이러한 내용들이 해당한다. 공명심을 위한 방화범도 새롭게 등장한 유형이면서 연쇄방화범인 경우가 많다. 공명심은 남들에게 자신을 내세우기 위한 경우인데 대략 두 가지로 나뉘어진다. 첫째, 언론보도 등에서 수사기관이나 경찰이 '절대 잡지 못하는 연쇄범죄자'로 연일 대서특필되고 그로 인해 생길 명성을 기대하며 바로 그 점을 즐기기 위해 연쇄방화를 저지르는 경우가 있다. 둘째, 특정 종교에 편향된 몰입적 신앙심을 가짐으로 인해 자신이 믿는 종교가 아닌 다른 종교의 예배당이나 성물, 유적 등을 대상으로 하여 일종의 종교적 테러 차원에서 연쇄방화를 저지르는 경우도 발생한다.

화이트White(1996)는 방화범의 유형분류에 있어서 총 8가지를 정리하여 발표하였는데, 방화광적 방화범, 이득을 위한 영리목적의 방화범, 복수를 목적으로 한 방화범, 스릴추구를 위한 방화범, 영웅심 또는 허영심을 목적으로 한 방화범, 범죄은폐를 위한 방화범, 청소년 방화범, 그리고 테러와 사회적 불만 표출을 목적으로 하는 방화범으로 나누었다. 그의 방화범 유형분류과정에서 중요한 부분은 스릴을 추구하는 방화범이다. 소위 스릴추구 연쇄범죄자는 특별한 이익이나 이해관계 없이 순수하게 스릴을 만끽하기 위한 목적에서 범죄를 연쇄적 또는 연속적으로 저지르는 것으로 알려져 있다. 이들은 목표를 설정함에 있어서 일정한 원칙을 가지고 있는데, 학술적으로 별도로 정리되는 목표의 특성이 아니라 연쇄방화범 본인 스스로 원하는 목적이나 목표물에 따라서 정리되는 속성을 보인다. 대부분의 경우 공격이 용이하거나 자신이 저지른 범행이 발각되지 않는 대상을 선호한다는 점에서 다른 일반적인 연쇄범죄와 동일한 성격으로 볼 수 있을 것이다. 다만 소훼(燒)라는 범행대상의 특성이 있기 때문에 가급적이면 잘 타거나 발화가 쉬운 대상을 선호하는 경향이 있다.


## (4) 정신이상과 연쇄방화범죄

정신이상이 연쇄방화범죄와 직접적으로 관련성이 있다는 점은 모든 학자들이 공통적으로 인정하고 있다. 연쇄살인이나 연쇄강간 등의 상당수 연쇄범죄들은 사람을 대상으로 하는 대인범죄(對人犯罪)라는 속성을 가진다. 때문에 다른 사람에게 직접적인 위해나 공격을 가해야 한다는 점에서 범행을 저지르는 연쇄범죄자의 입장에서 보면 상당한 어려움이 존재한다. 겁이 많거나 공격성이 상대적으로 약하거나 또는 여성이기 때문에 남성을 상대로 한 공격이 어렵다는 점에서 웬만한 수준의 범죄자는 연쇄범죄를 저지르기 어렵다.

하지만 연쇄방화범죄는 대인성이 연쇄성 범죄 가운데 가장 낮으며 피해자와 직접 대면하지 않아도 범행을 저지를 수 있는 비접촉성으로 인해서 상대적으로 연쇄범죄자로 전이 또는 발전할 수 있는 가능성이 아주 크다고 여겨진다. 따라서 정신이상이 발현되는 경우에 충분히 연쇄방화범죄자가 될 수 있으며 막대한 인적, 물적 피해를 초래함에도 불구하고 제대로 된 수사가 이뤄지지 않을 경우 피해의 연속적인 발생을 막을 방법이 없다는 문제점이 존재한다.

연쇄방화범죄자 또는 방화광에 관한 연구는 19세기부터 진행되어 왔다. 범죄학자들에 의한 연구 보다는 정신의학자나 정신분석학자, 심리학자들에 의해서 연쇄방화범죄의 원인과 문제점에 관련한 연구가 수행되었으며, 그 내용이 지금도 이어져서 연쇄방화범죄 연구와 관련한 중요한 자료로 활용되고 있는 실정이다. 초기에 연쇄방화를 연구한 학자들은 정신이상이 연쇄방화범죄의 주된 원인이라고 단정하였으며, 이를 증명하기 위한 실증적 연구수행에 중심을 두었다고 보는 편이 옳을 것이다. 정신이상에 있어서 다양한 병적 양태들이 나타나고 있으며, 여기에는 인격 장애나 공황장애, 정신분열, 정신지체 등이 포괄적으로 포함된다. 또한 정서적인 문제가 발생하거나 외상 후 스트레스 증후군을 경험하고 있는 경우에도 연쇄방화범죄를 저지를 수 있는 가능성이 큰 것으로 나타나 종합적으로 정신이상자에 대한 연구와 연쇄방화를 저지른 범죄자들의 특성을 파악함으로써 이에 대한 수사나 예방이 가능하다고 판단된다.

바넷Barnett과 그의 동료들(1999)에 의한 연구에 따르면 방화를 저지른 것으로 판명되어 사법기관에서 처벌을 받은 844명의 범죄자들 가운데에서 566명에 해당하는 66%가 의사소통능력을 가지고 있어 법적인 책임을 물을 수 있는 것으로 조사된 반면에 186명에 해당하는 22%는 정신장애로 인해 형사책임이 없는 것으로 법원에서 판결된 것으로 나타났다. 문제는 형사책임능력이 없음으로 인해 형사 처벌을 면제받은 이들 가운데에서 방화를 다시 저지름으로써 사회보호를 처분을 받은 경우가 16명으로 나타나 무려 전체 대상자의 8%를 차지하였다는 점이다. 형사책임을 정신이상으로 인해 면책 받은 22% 가운데에서 14%는 방화범죄를 다시 저지르지 않은 반면에 8%는 다시 방화범죄를 저지르는 연쇄방화범이 되었다는 것이다. 사회 방위적 차원에서 형사책임이 없는 경우라 하더라도 연쇄방화범죄를 저지르는 자에 대해서 형사적인 책임을 물어야 한다는 측과 이들을 국가나 지방정부가 나서서 관리하여 다시 범죄를 저지르지 못하도록 막아야 한다는 측이 신랄한 논쟁을 벌이는 빌미가 되기도 하였다. 이 조사결과는 연쇄방화와 정신이상이라는 요소가 상호간에 긴밀한 연결 관계를 형성하고 있다는 점을 알게 해준다. 정신의학적, 정신분석학적인 입장에서 보는 연쇄방화범죄의 원인으로서는 크게 세 가지가 있다.

첫째, 21세기 우리나라 사회인들의 근본적인 만성정신질환으로 불리는 우울증이 있는데, 우울증에 의한 방화로 인해 사회적으로 큰 피해가 발생하고 있다. 대표적으로 대구지하철 방화사건을 들 수 있는데, 당시 범인은 기분부전증이라는 우울증 증세가 심각한 것으로 수사과정에서 드러났다. 사건발생 2년 전부터 우울하거나 힘이 드는 날들이 많이 나타났으며 이때 망상과 환각상태에서 불을 지르거나 타인에게 공격을 하고자 하는 성향이 있는 것으로 파악되었다. 이 사건을 제외하면 우울증에 의한 방화사건의 대부분은 여성에 의한 방화 또는 연쇄방화의 성격을 많이 보여주고 있다. 불안과 분노, 불신, 망상 등의 유형이 우울증에서 많이 나타나며, 특히 여성들이 호르몬의 이상이나 주변 환경의 급격한 압박으로 인해 우울증에 빠질 경우, 극히 일부의 여성들은 방화를 통해 스트레스를 해소하는 것으로 알려져 있다. 또한 약물이나 알콜 등에 의존하여 우울한 상황을 벗어나고자 하는 경우도 많은데 이때에 환각상태가 나타남으로써 방화범죄로 이어지기도 한다. 우울증은 타인에 대한 공격성을 높이기보다는 자신에 대한 자학성이나 자해성을 높이는 것으로 알려져 있다. 하지만 연쇄방화범죄의 경우에는 타인을 살해하거나 다치게 한다는 개념이 약하기 때문에 분노나 우울감의 표출형으로서 방화를 선택하는 경우가 많다. 더욱이 독거여성이 많아지는 상황에서 주변 환경에 대한 비관이나 자신에 대한 비난, 스스로의 삶에 대한 무기력감 등을 심하게 느끼는 우울증 증세 여성에 의한 연쇄방화의 가능성이 높다고 생각된다.

둘째로, 방화광적인 정신이상증세를 가진 경우가 있는데, '파이로매니아 Pyromania'로 불린다. 'Pyro'는 그리스어 표현으로서 영어로는 'fire'에 해당한다. 단어 그대로 번역하면 불을 광적으로 지르는 사람, 즉 방화광이라고 할 수 있다. 방화광은 오래된 인류의 역사적 기원을 가지고 있다. 과거 인류는 불을 신성시 하였는데 이는 동서양이 공통적인 역사적 특성이라고 볼 수 있다. 그리스 신화에 나오는 프로메테우스는 인간에게 제우스의 불을 훔쳐다준 죄로 코카서스 산에서 독수리에게 간을 쪼아 먹히는 형벌을 받게 된다. 아프리카 도곤 족에도 비슷한 신화가 있는데 한 대장장이가 태양의 한 조각을 천신에게서 훔쳐냈고 한다. 고대 종교인 조로아스터교는 불 자체가 숭배 대상이며, 불을 뜻하는 아타르는 유일신 아후라 마즈다의 아들로 간주된다. 힌두교에서 불의 신 아그니는 인드라(천계의 지배자), 바루나(하늘과 물의 신)와 더불어 최고신으로 꼽힌다. 인도에서는 자신들이 개발한 대륙간 탄도미사일을 '아그니'로 명명하기도 하였다. 인류가 불을 숭상하는 이유는 불이 가진 생성력과 정화력에서 찾을 수 있다. 일본과 인도의 신화에선 불을 남성 생식력의 근원으로 보기도 한다. 우리나라도 화로나 부엌아궁이를 집안의 상징으로 여겼으며, 1970년대만 해도 이사할 때 반드시 챙기는 게 불 피운 연탄화덕이었을 정도다. 정월대보름 쥐불놀이는 잡귀와 액을 쫓고 1년간 무탈하게 해달라는 민간신앙이 뿌리였다. 방화광적 연쇄방화범에 대해서 연구하는 학자들은 인류의 불에 대한 근본적 갈구와 기원이 자신의 불만사항을 해소하는 대상으로서 방화범죄를 저지르는 과정과 연결고리를 깊게 맺고 있다고 보고 있다. 방화광은 일반적인 방화범죄자와는 다르게 방화행위 자체에 집착하는 모습을 보인다. 방화대상의 선정과 방식에 있어서 일정한 형식이 고정되지 않으며 자유로운 방식으로 불을 지르는 것으로 알려져 있으며, 의식화된 동기가 없는 경우가 허다하다.

셋째로, 조현병이 있는데 이는 기존에 정신분열증으로 많이 불렸다. 조현병(정신분열증)은 망상, 환청, 와해된 언어, 정서적 둔감 등의 증상과 더불어 사회적 기능에 장애를 일으키는 질환으로, 예후가 좋지 않고 만성적인 경과를 보여 환자나 가족들에게 상당한 고통을 주지만, 최근 약물 요법을 포함한 치료적 접근에 뚜렷한 진보가 있어 조기 진단과 치료에 적극적인 관심이 필요한 질환이다. 다소 생소할 수 있는 '조현병(調絃病)'이란 용어는 2011년에 정신분열병(정신분열증)이란 병명이 바뀐 것이다. 정신분열병(정신분열증)이란 병명이 사회적인 이질감과 거부감을 불러일으킨다는 이유로 편견을 없애기 위하여 개명된 것이다. 조현(調絃)이란 사전적인 의미로 현악기의 줄을 고르다는 뜻으로, 조현병 환자의 모습이 마치 현악기가 정상적으로 조율되지 못했을 때의 모습처럼 혼란스러운 상태를 보이는 것과 같다는 데서 비롯되었다.

테일러Tayler(2008)는 자신의 연구에서 조현증이 직접적으로 폭력성, 우발성 범죄와 많은 관련이 있다는 결과를 내놓았으며, 특히 미국 내에서 발생하는 총기관련 살인이나 강도, 그리고 총기를 사용하지 않은 방화범죄나 증오범죄 등에서 조현증이 영향을 미친다는 주장을 하였다. 다른 차원에서 조현증의 문제점을 범죄성과 연결하여 연구한 학자들도 있는데, 대표적으로 멀렌Mullen과 동료들(2000)은 조현증으로 인해서 발생하는 폭력범죄와 각종 연쇄범죄가 실제 숫자나 비중에 있어서는 크지 않지만 간접적으로 범죄와 관련 없는 일반인들이 범죄를 저지르도록 유도하는 일종의 유인인자로 작용하는 경우가 많다는 측면에서 이에 대한 연구와 예방책의 강구가 시급히 필요하다는 주장도 내놓았다. 방화범죄만을 연구하는 학자들은 조현증이 발병되었을 경우에 초기에 적극적으로 이에 대한 치료와 범죄성의 발현을 차단하기 위한 노력을 해야 하며, 이를 소홀히 하거나 병세의 악화를 적절하게 차단하지 못할 경우에 연쇄방화로 이어질 수 있는 가능성이 높다고 보기도 하였다. 조현증 환자들은 어떠한 미지의 지시대상이 하는 이야기에 따라서 범행을 저지르게 되는데 가장 쉬운 범행방법이 불을 지르는 것이라는 점에서 연쇄방화의 가능성이 아주 크다고 볼 수 있으며, 수사과정에서 의도적인 부분이 보이지 않기 때문에 연쇄방화범죄인 경우에는 수사가 상당히 힘들다는 문제점이 존재한다.


### (5) 지리적 프로파일링(Geographical Profiling)

연쇄방화범죄 연구에 있어 범인을 추정, 특정함에 있어 매우 효과적인 방법은 동일범의 것으로 추정되고, 또 연쇄적으로 발생한 유사범죄들의 발생 위치를 근거로 하여 용의자가 근거지로 삼을 가능성이 높은 장소나 위치를 파악하는 수사기법이다. 이를테면, 범죄자들이 범행을 위하여 움직인 거리나 방향을 파악하고 발생 위치를 참고하여 용의자의 거주지를 추적하는 것인데 이러한 기법은 용의자의 거리나 지리에 대한 지각이 일반심리학적 접근방법으로 파악 가능하기 때문이다.

인간은 일상적 활동이나 경험을 하는 주변 공간에 대한 인지적 심상, 이미지를 갖고 있는데 로스모Rossmo는 이를 '정신적 지도'라고 하였다. 집, 직장, 지나다니는 길 등 여러 번 경험한 공간은 정신적 지도를 만들어 내고 이를 통해 이러한 장소는 편안하고 익숙한 장소로 여겨진다. 반면 익숙하지 않은 장소는 인간에게 불편하고 긴장감과 두려움을 유발하게 된다. 따라서 가능하면 자신이 익숙한 장소를 범행장소로 선택하게 되는 것이다. 이런 점을 근거로 지리적 프로파일링은 아주 효과적인 수사기법이 될 수 있다.

## (6) 국외 연쇄방화범죄사건 사례

### ① 해리 부르그하르트 사건

2011년 연말 미국 로스엔젤레스 연쇄방화사건의 유력한 용의자인 해리 부르그하르트(24)는 조사과정에서 미국에 대한 강한 반감을 드러낸 것으로 알려졌다. 방송에 따르면 붙잡힌 용의자는 독일 국적자로 자신의 어머니에 대한 추방 문제를 논의했던 사건 발생 10여 일 전의 청문회가 범행동기인 것으로 추정되고 있다. 용의자는 경찰 조사에서 비협조적이었으며 가택수색영장도 신청된 상태였다. 앞서 경찰은 로스엔젤레스 선셋 대로 근처에서 수상한 미니 밴을 검문해 용의자를 검거, 조사 중이라고 밝혔다. 용의자의 미니 밴에서는 불을 지르는데 사용한 것으로 보이는 물건이 발견되었다. 용의자는 독일의 프랑크푸르트에 있는 자신의 집에도 방화를 한 것으로 밝혀졌다. 그는 방화 후 즉시 보험금을 청구한 것으로 밝혀졌다. 용의자는 검거되기 전 달 31일 헐리우드 일대에서 일어난 화재 현장 폐쇄회로CCTV에 포착된 범인의 인상착의와도 거의 일치하는 것으로 드러났을 뿐만 아니라 그 전 날인 30일 연쇄화재도 관련이 있는 것으로 확인되었다.

### ② 알라바마 대학교 연쇄방화사건

2006년 2월경, 미국의 알라바마 주에서 10곳의 교회를 연쇄적으로 방화한 범인들은 20세 안팎의 대학생 3명인 것으로 밝혀졌다. 버밍햄 소재 알라바마대 재학생 매튜 리 클로이드 등 3명은 전과 기록이 없는 대학생들로 '장난으로 시작한 방화가 걷잡을 수 없게 됐다.'고 진술하였다고 한다.

2006년 2월 2일부터 열흘간 알라바마 주 북서쪽 비버튼 프리윌 침례 교회 등 10곳의 교회에 불을 지른 이들은 범행에 사용한 도요타 스포츠 유틸리티 차량에 갈아 끼운 특수 제작 타이어 자국이 단서가 되어 타이어 딜러상을 상대로 이를 추적한 경찰에 검거되었다. 이 사건은 흑인들이 많이 거주하는 지역에서 발생, 초반에는 인종적 갈등에 따른 범행이 아닌가해서 관심을 끌었다가 피해 교회 5개가 백인 교회로 밝혀지면서 구체적인 범행동기를 둘러싸고 의문이 제기되어 왔다.

### ③ 칼텍 대학원생 연쇄방화사건

2003년 8월 미국 로스엔젤레스 인근의 제러널 모터스(GM) 자동차 판매 대리점에서 발생한 허머H-2 차량 연쇄방화범으로 미 연방수사국에 체포된 캘리포니아 공대 대학원생 윌리엄 커트릴(23)이 최고 종신형을 받을 것으로 알려졌다. 토니 마스덴이라는 가명을 사용하기도 한 물리학도 커트릴은 연료소비가 많아 에너지 효율이 매우 낮은 허머 차량에 대해 방화공격의 책임이 지구해방전선(ELF)에 있다고 주장하는 e-메일을《로스엔젤레스 타임스》등 현지 언론 매체에 여러 차례 보내다 발신지를 추적해 온 당국의 수사망에 검거되었다. 재산 피해는 약 230만 달러이며 총 125대의 차량, 상업용 건물 1채가 피해를 입었다.

### ④ 소방관 연쇄방화사건

미국 테네시 주 멤피스에서 동북쪽 140km 떨어진 팁톤빌에서 화재 진압을 총괄하는 소방서장과 화재 진압을 위해 자원한 소방대원 3명이 연쇄방화 혐의로 체포되었다. 지역 소방서장인 제임스 블랙번과 그의 손자 등 의용 소방대원 3명을 구속되었다. 이들은 2004년 6월부터 2년 동안 팁톤빌 지역의 빈 집 10곳에 방화한 혐의이다. 연쇄방화로 인하여 팁톤빌의 빅토리아식 주택이 불타는 등 적지 않은 재산 피해가 발생했지만 인명 피해는 없었다. 하지만 주민들은 화재로 인한 불안과 공포 속에 떨어야 했다. 범행동기는 밝혀지지 않았다.

### ⑤ 매릴랜드 주택 연쇄방화사건

2004년 12월 6일 새벽 미국 워싱턴 근교 매릴랜드 주 찰스 카운티에서 발생한 신축 주택 연쇄방화사건의 범인 경비원 아론 스피드(21)등 4명을 검거하였다. 이들 중 먼저 체포된 스피드는 불이 난 신축 주택단지 경비를 맡은 '시큐리티 서비스 오브 아메리카'의 경비원으로 수사관들에게 범행을 자백하였으며 지난 4월 생후 10주 된 자신의 아기가 사망했을 때 회사 측이 냉담한 반응을 보인데 불만을 품었다고 범행동기를 진술했다. 스피드는 다른 방화범들이 토치로 불을 지르는 것을 목격했다고 진술했다. 가옥 10채가 전소하고 16채가 파손되어 최소한 1,000만 달러의 피해를 낸 이번 방화사건은 이 지역 개발이 희귀 동식물 서식지인 '아라비 보그' 습지대의 생태를 파괴할 것이라며 환경주의자들이 개발을 반대하여 왔기 때문에 '환경 테러' 가능성이 있는 것으로 큰 주목을 받았다.

## (7) 국내 연쇄방화범죄사건 사례

### ① 울산 봉대산 다람쥐 사건

1994년부터 2011년까지 17년 동안 울산광역시 동구 동부동의 마골산과 봉대산 일대 반경 3km 이내에서 해마다 대형 산불이 일어났다. 최초 경찰은 등산객이 버린 담배꽁초 등에서 화재가 발생한 것으로 추정하였으나 해가 거듭할수록 그 횟수가 잦아지자 의도적인 방화라고 판단하여 1995년 최초로 봉대산 방화범에 대하여 500만원의 현상금을 걸었고, 해를 거듭할수록 현상금을 올리다가 2009년 11월 울산 경찰은 최종 현상금을 3,000만원에서 3억 원으로 상향조정하였다. 범행수법은 화장지를 꼬아 만든 도구로 불씨를 일으키는가 하면 너트에 성냥과 휴지를 묶어 불을 붙인 뒤 던져서 방화하는 수법을 고안하였다. 그는 방화범 감시상황을 파악하기 위하여 자신의 신분을 속이고 산불감시원들과 친분을 쌓기도 하였다. 이 사건은 총 96건의 연쇄방화를 일으킨 통칭 '봉대산 불다람쥐' 사건으로 대한민국 건국이래 2위의 현상금 3억 원이 걸렸던 사건이다. 결정적인 단서는 인근 아파트 CCTV 영상이었으며 검거 후 총 19명의 제보자들이 현상금을 나누어 받았다. 산불감시원들에게 수사진행 상황을 여과 없이 공유하여 수사기밀 유지에 허점을 보였던 사건이다.

### ② 양주 공익소방원 연쇄방화사건

2003년 3월 6일 18시경, 경기도 양주시 광사동 노○○(37)의 축사 폐가구에 석유로 불을 질러 노○○의 아들(7)이 사망하게 하고, 양주시 주택 4

곳, 차량 3대 등 10차례 연쇄방화를 일삼은 의정부시 한 소방서에서 근무하는 공익요원 황○○(23)가 검거되었다. 범인은 소방서에 근무하면서 소방관들이 자신을 무시한다는 생각에 골탕을 먹어보라고 범행을 하였다고 진술하였다. 전문가 및 관련자에 의하여 범행이 이루어질 경우, 그 검거가 용이하지 않다는 교훈을 남긴 사건이다.

### ③ 대구 모자 연쇄방화사건

2004년 7월부터 대구 시내 한적한 주택가(주로 노인들이 거주)에 대낮 집주인들이 집을 비운 사이에 화재가 발생하였다. 화재는 주택가를 중심으로 며칠이 멀다하고 지속하여 발생하다가 급기야 대구 인근의 경산에서도 비슷한 유형으로 발생해서 약 4개월에 걸쳐 총 24회에 이르게 되었다. 대구 광역수사대는 범인이 방화 후 식초, 식용유를 뿌리는 등의 범죄형태를 보이는 것을 확인, 동일범의 소행으로 간주하고 수사에 착수하여 목격자 등의 진술을 확보 70대 노인(여)과 20대 중반의 남자의 몽타주를 작성 배포하였으며, 같은 해 11월 6일 대구 남부경찰서 봉천지구대 경장 김○○(36)는 몽타주와 비슷한 이들을 검거하려다가 남자에게 흉기에 찔려 사망하였으며 그 과정에 동료 경찰들이 범인을 검거한 사건으로 '모자 연쇄방화사건'으로 불린다. 사건의 심각성을 인식하고 한시적이나마 전담기구를 편성, 광역수사대에서 집중적으로 수사하여 범인을 검거한 사례이다.

### ④ 지적 장애인 방화사건

2012년 4월 5일 00시 50분경, 서울시 은평구 응암동에 설치된 의류수거함에 불을 붙이는 등 지난 4월부터 2개월 여간 이 일대를 돌며 의류수거함과 폐지더미 등에 총 7차례에 걸쳐 불을 지른 지적장애 2급의 장애인 김 ○○(27)가 검거되었는데 그는 불을 질러놓고 현장에 출동한 경찰관들과 소방관들을 보면 희열이 느껴지고 스트레스가 해소되었다고 진술하였다. 연쇄방화범죄의 한 유형인 정신질환자에 의한 방화의 양태이다.


## (8) 연쇄방화범죄 수사

연쇄방화범죄 사건을 수사하려면 기본적으로 화재사건에 대한 기본적인 소양이 있어야 한다. 화재의 진압은 가장 권위 있는 소방서의 직무가 될 것이고 일단 방화(연쇄방화)로 밝혀지면 수사로 진행되어야 하기 때문이다. 사실상 방화범죄는 살인, 강도, 강간 등과 같이 중요 범죄의 유형에 속한다. 방화범죄는 사회적 평온을 해하는 범죄로서 일단 발생하면 그 피해가 막대하기 때문이다. 하물며 연일 지속되는 동일범에 의한 연쇄방화사건은 언제 자신들의 집과 생명이 표적이 될지 모른다는 불안감에 그 공포가 증폭될 것이 뻔하기 때문이다. 연쇄방화범죄로 판명이 되기 이전까지는 일반적인 화재로 일선 경찰서에 신고가 될 것이며 이때 신고를 받게 되는 지령실 요원들의 조치는 매우 중요하다.

### ① 화재사건 신고 접수 시 조치요령

대체로 관내에서 화재가 발생하면 각 경찰서 112 지령실에 신고자 혹은

119에서 연락을 해 오는 것이 보통이다. 이때 지령실 근무자의 역할은 매우 중요하다. 지령실로 직접 신고가 되는 경우에는 신고를 접수한 시간, 신고 내용, 인지경위, 신고자의 인적사항을 신속히 파악하고 소방서에 즉시 통보조치를 취한다. 가스, 전기 관련시설, 문화재 등에 화재가 발생한 경우에는 가스안전공사, 한국전력공사, 문화재관리기관에도 통보를 하여주어야 한다.

119에서 통보를 하여 온 경우에는 112순찰차, 형사기동대차량, 교통순찰차 등이 현장으로 출동하도록 조치하고, 특히 중대한 화재인 경우에는 위 출동하는 차량 외 경찰서 타격대나 방범순찰대에 출동을 하도록 조치하고 관서장 및 관련 계장과 과장에게 화재상황보고를 하며, 긴급종합상황반 및 현장지휘본부요원을 소집한다. 현장지휘자가 없는 경우에는 지령실 요원이 일단 현장조치를 취하여야 하는데, 교통통제 및 소방차 진입로를 확보토록 협조하고, 사상자의 응급구호 및 후송을 위해 필요시 경찰력을 동원하도록 한다. 화재 현장의 경찰통제선을 구축하고 안전사고에 대비하여 주민이나 차량의 접근을 차단하는 조치를 취하여야 한다.

## ② 현장보존

화재 현장에서의 현장보존은 무척 중요하다. 실화인지 방화인지를 구분하기 위해서는 현장이 잘 보존되어 있어야 하고, 만일 방화에 의한 화재라면 방화범을 검거하기 위하여도 중요하다. 현장에서 타고 남은 건물 구조, 가구, 집기류, 각종 기기, 전기, 가스 설비 등 소훼물건 모두가 화재 조사에 있어 중요한 증거가 된다.

정확한 화인을 규명하기 위해서는 가능한 본래의 상태로 현장을 보존하여야 한다. 현장 보존의 범위는 화재상황에 따라 다르나 원칙적으로 소훼장소 전체가 보존 대상이 되며, 특히 건물 화재일 경우에는 건물주변까지 현장보존의 대상이 된다. 출입금지 구역을 설정하여 표지를 하고 현장 변경 등을 예상하여 중요 부분은 사전에 사진촬영을 하여야 한다.

### ③ 조사 시 유의사항

사건 조사 시에는 과학적인 근거에 의한 조사에 중점을 두고 화재관계자 또는 목격자 조사는 보조적인 방법으로 실시한다. 개인의 인권을 침해하거나 업무를 방해하지 않도록 유의한다. 지득한 비밀을 누설하거나 명예를 훼손하지 아니한다. 아울러 신분을 명확히 밝히고 가능한 관계자의 입회하에 조사한다. 만약 타기관과 공동으로 조사하는 경우라면 조사에 상호 협력하고 특히 관련기관(보험 회사 등)의 수사자료 등은 적극적으로 수용, 수사에 활용한다.

### ④ 화재조사 순서

화재조사는 전문적인 기능과 과학이 포함된 종합작품이다. 현장조사에는 재조사가 불가능한 경우가 많이 있고, 잘못된 현장관찰은 엉뚱한 화인으로 규명되어 문제가 된다. 이런 경우에는 수사의 신뢰성에 문제가 되므로 체계적인 접근방법을 이용하여 많은 자료를 수집할 수 있도록 노력하여야 한다. 현장조사 순서는 ①화재건물 내외 구조 관찰 ②화재발생 전후 상황 관찰 ③연소진행상황 관찰 ④소사자, 화상자 등의 위치 및 대피경로 관

찰 ⑤ 화재관계자, 목격자 조사 ⑥발화범위 결정(가능한 넓게) ⑦현장발굴 ⑧
화재발생 전 재현 관찰 ⑨최종 발화 부분 결정 ⑩화인조사(감식, 감정) ⑪불
씨와 가연물건 연소경과 확인 ⑫발화 원인 결정(방. 실화) ⑬보완조사 ⑭수
사대상 결정 ⑮부수범죄 수사대상 결정 ⑯현장 해제의 순으로 진행한다.

### ⑤ 국내 연쇄방화범의 특성

화재사건이 발생하였을 때 과연 연쇄방화범에 의한 범행이 맞는지, 연쇄
방화범의 범행이 명백하다면 조기에 검거할 방안은 없는지를 연구하여야
한다. 가장 중요한 대안은 연쇄방화범의 특성을 숙지하고 있다가 활용하는
것이다. 연쇄방화범은 주로 20, 40대의 단독범으로 미혼인 경우가 많으며
고졸 이하의 학력으로 일용직이나 단순 노동에 종사하거나 무직인 경우가
많다고 알려져 있다. 또 절반 이상이 신체적으로, 또는 정신적으로 문제가
있으며 이들은 사회적으로 소외되고 위축된 경향을 지닌 사람들이 많다. 이
들의 2/3가 술을 먹은 상태에서 우발적으로 범행하며 범행장소도 무작위로
선택하였고 대체로 우연히 손에 잡힌 물건을 가지고 범행하는 비조직적 방
화범의 유형도 많다고 한다. 미 연방수사국의 동기분류에 의하면, 방화 동
기의 절반 이상이 사회에 대한 복수(분노 표출 혹은 무동기)가 목적인 범행이
었고 술을 먹고 귀가 중에 혹은 배회 중에 우발적으로 한 범행이었다. 대체
로 우리나라 연쇄방화범들은 보복, 화풀이, 욕구분출의 수단으로 방화를 저
지른다. 구체적인 대상을 향한 것이 아니라 전혀 다른 대상에 분노를 투사
하여 이를 표출하는 것이다.

다양한 방화범죄자들을 심층 면담하여 분석한 박형민의 연구결과에 의

하면, 연쇄방화범들은 낮은 자존감, 충동적인 성격, 알콜 등의 약물 문제, 미래에 대한 자포자기적인 모습, 분노나 충동 조절 장애 등의 특징을 보이고 있다고 하였다. 중요한 것은 이들이 자신의 분노나 불만을 표출할 대상으로 방화를 선택된 이유는 마침 주위에 발화도구가 보였기 때문이라는 것이다. 이러한 점들을 참작하여 발생하는 연쇄방화범죄자를 추정하는 수사기법은 매우 중요하다고 할 것이다.

### ⑥ 연쇄방화범수사의 제한점

기본적으로 우리 국민들은 방화범죄에 대한 인식이 부족한 단면을 보인다. 사회적으로 소외되거나 약자계층에 대한 무관심이 그들의 불만을 고조시켜 불특정 다수를 상대로 하는 연쇄방화범죄를 자행하고 있다는 점을 간과하고 있다. 또한 현재 우리나라의 방화범죄에 대한 수사구조는 전담조직도 없고 연구기관도 미비한 실정이다. 화재가 발생하면 화재에 대하여 지엽적인 지식을 가진 수사관들이 현장에 출동하고 화재가 진압되기를 기다렸다가 과학수사팀을 동원하여 현장을 감식하거나, 출입금지를 한 후 지방청이나 국과원의 지원을 받아 화인을 밝히는 정도 수준으로 화재사건 수사를 하고 있다. 사정이 그러하니 사실상 연쇄방화사건으로 추정하는 근거는 오로지 지리적인 요건을 기준으로 하여 근처에서 발생하는 화재, 현장에 혹시 있을 수 있는 매개제의 발견, 범행대상물의 동일성 정도를 연관관계로 추정하는 선에 그치고 있는 것이다.

화재와 관련하여 전문가는 누가 뭐라고 하여도 소방이다. 그런데 현재 경찰과 소방 기능의 공조수사체계 구축이 없어 각자 결과물을 발표하고 있기도 하다. 이는 전문기관의 부재 혹은 경찰이나 소방이 상호 화재감식 능력을 인정치 않는 악습(관행)으로 인한 문제점이라고 할 것이다. 게다가 우리나라의 경우에는 방화범죄에 대한 입법적인 관심의 부족으로 방화범죄에 대한 대응책을 세우기보다는 그 처벌에 주안점을 두고 있다. 즉, 이미 발생한 범죄에 대한 처벌을 강조하고 사전에 예방을 위한 입법적인 활동은 아주 미진한 실정이다. 사실 우리나라의 연쇄방화범죄와 관련하여 경찰 등 수사기관의 수사는 아주 초보적인 수준에 있다고 보는 것이 맞다. 드러내놓고 '이렇게 수사한다.'고 말할 수 없는 입장인 것이다. 수사기관에서는 일반적인 방화사건에 준하여 수사를 하고 그것이 몇 가지의 연관관계를 가지면 연쇄방화범죄로 보는 정도의 수준으로 수사를 진행하고 있음은 안타깝다. 전문적인 방화범죄 수사관의 배양, 소방당국, 연구기관, 수사기관 간의 공조체계 구성, 연쇄방화를 예방하기 위한 입법적인 활동 등이 절대적으로 필요하다. 나아가 사회적 약자, 소외된 사람들을 배려하고 관심을 갖는 사회학적 대안을 적극적으로 검토할 시기가 되었다고 생각한다.

# 3. 연쇄살인범죄

## (1) 연쇄살인범죄의 정의

연쇄살인범죄를 광의(廣義)의 연쇄살인범죄와 협의(狹義)의 연쇄살인범죄로 구분하여 정의한 안동수는 먼저 광의의 연쇄살인범죄를 "심리적 동기가 반드시 특정되거나 고정적이지 않은 경우로서, 잠재적 살인 범죄성 충동적, 상황적 발산을 포함하는 심리적 동기에 의한 연쇄살인"이라고 정의내리고 있다. 이 정의의 핵심은 심리적 동기가 명확하게 드러나지 않는 연쇄살인범죄를 광의의 연쇄살인범죄로 보아야 한다는 것이다. 다시 말해서 다중살인이나 연속살인까지도 연쇄살인의 범주 안에 넣어야 한다는 의미로 해석할 수 있다.

협의의 연쇄살인범죄는 "특정한 심리적 동기에 의하여 한 곳 이상의 장소에서 2명 이상의 사람을 일정한 심리적 휴지기를 가지고 연속적으로 살해하는 행위"라고 정의하고 있다. 우리가 통상적으로 형사학에서 사용하는 연쇄살인의 개념적 정의라고 볼 수 있는데, 2명 이상이라는 피해자의 범위가 범죄학에서 이야기 하는 3명 이상의 피해자 범위와 차이성이 나타나고 있다.

연쇄살인의 범위를 정하는 부분은 연속성 범죄의 개념을 정리하는 부분과도 일맥상통하는 부분일 것이다. 더욱이 피해자의 숫자와 사건의 발생장소의 숫자가 연쇄라는 개념을 정립하는데 무엇보다 중요한 전제조건이라는 점에서 이에 대한 심사숙고가 필요하다 할 것이다. 표창원 교수는 자신의 저서에 여러 건의 살인이 한명 또는 같은 의도를 가진 집단에 의해서 일정한 시간간격으로 저질러지는 범죄현상을 연쇄살인이라고 정의하고 있으며, 여기에 가장 중요한 일정한 시간간격을 냉각기라고 표현하였다. 그가 제시한 연쇄살인의 개별적 사건 사이에 나타나는 냉각기란 '살인에 이르는 흥분상태가 소멸될 정도의 시간적 공백'이라는 개념으로 정리하고 있다. 최영인, 염건령 교수는 연쇄살인의 정의를 "각기 다른 3곳 이상의 장소에서 시간적 간격을 두고 3명 이상의 피해자를 살해하는 연쇄적 살인범죄로서 심리적인 상승과 하강의 과정을 거치면서 피해자에 대해 전혀 동정이나 연민을 가지지 않은 경우"라고 정의하고 있다. 이들의 정의는 연쇄살인을 형사학적인 입장이 아닌 연쇄살인이라는 사회적 비행현상의 하나로 보고 이를 기준으로 하여 정의내린 경우라 할 수 있다. 연쇄살인범죄의 정의와 관련하여 가장 큰 논란의 주제는 다음의 두 가지이다.

첫째, 연쇄살인사건이 발생하였을 시에 피해자의 숫자를 얼마까지 산정하느냐 하는 부분이다. 대부분의 형사학자들은 3명 이상의 피해자가 발생한 경우를 연쇄살인으로 보아야 한다고 주장하고 있다. 특히 김상균과 이수정, 최영인과 염건령 등이 3명 이상의 숫자를 기본적인 연쇄살인의 개념으로 본다는 점에서 이 내용이 타당하다고 생각된다. 다만 네 학자 모두 3명 이상의 피해자가 발생하는 과정에서 최소한 3곳 이상의 사건발생장소가 있어야만 한다는 전제조건을 제시하고 있다.

둘째, 살인사건 발생장소의 숫자에 대한 논란이다. 일부 학자는 2곳 이상을 주장하고 어떤 학자는 5곳 이상의 장소를 주장하지만 대체적으로 3곳 이상의 독립된 장소를 연쇄살인의 기본적인 장소적 기준으로 제시하고 있다. 앞에서 이야기한 네 학자 모두 3곳 이상의 서로 독립된 장소에서 발생한 살인사건을 연쇄살인사건이라고 보고 있으며, 본 연구자 역시 이 정의에 따라서 연구대상 사건의 범위를 한정하였다. 2명 이상의 살인피해자와 2곳 이상의 살인발생장소라는 기준을 바탕으로 연쇄살인범죄를 분석할 경우에 범위가 너무 광범위해진다는 문제점이 발생한다. 더욱이 2명 이상을 살해하는 범죄사건이 실제 많이 일어날 수 있고, 상당수는 성격적인 부분에서 연쇄살인보다는 다중살인의 성격이 강하기 때문에 이 기준을 적용하는 데에는 무리가 따른다고 생각된다. 오히려 기존의 학계에서 주장하는 3명 이상의 기준에 3곳 이상의 사건발생 장소를 기준으로 적용하는 것이 합리적이지 않을까 하는 생각을 해본다.

## (2) 연쇄살인범죄의 유형

연쇄살인범의 유형은 생각보다 많으며 다양하게 학자들에 의해 연구되어 제시되었다. 특히 연쇄살인범죄자(범인)를 구분하는 기준이 연쇄살인범죄(범죄)를 구분하는 기준이라는 점에 행동과 범죄자의 특성을 복합적으로 정리한 구분으로 볼 수 있을 것이다. 앞에서 언급한 연쇄강간범죄나 연쇄방화범죄와 외형적인 측면에서 유사한 구분법으로 볼 수도 있겠으나 살인이라는 범죄행위가 가장 극악하면서도 강력한 범죄행위라는 점에서 내적으로는 구분상의 차이가 발생한다고 볼 수 있다. A. 더크테니스Durktenis라는 학자는 자신의 저서에서 연쇄살인의 유형을 살인범의 특성을 기준으로 하여 다음과 같이 구분하였다.

## ① 고정성 연쇄살인과 이동성 연쇄살인

첫째, 이동성 연쇄살인범과 고정성 연쇄살인범으로 구분하고 있는데 이는 지리적인 요소를 기준으로 하여 넓은 지역을 중심으로 살인범죄를 연쇄적으로 저지르느냐 또는 좁은 지역을 중심으로 하여 살인범죄를 저지르느냐 따라서 구분한 내용이다. 연쇄살인과 관련한 연구는 그동안 많이 진행되지 못하였는데 이는 기본적으로 연구를 해야 할 대상자, 다시 말해서 연쇄살인범의 숫자가 극히 적기 때문이다. 미국이나 일본, 영국 등지에서 연쇄살인범과 관련한 연구가 수차례 진행되었지만 기실 연구대상의 한정성으로 인해서 광범위한 사례조사는 안 된 상황이다.

우리나라 법무부의 교정본부에 해당하는 미국의 연방교정국은 산하의 연방교도소에 수감 중인 연쇄살인범을 대상으로 하여 이들의 유형을 연구하였다. 그 과정에서 전반적인 특성을 기준으로 하여 모두 다섯 가지의 유형이 발견되었는데, 기존의 연쇄살인범은 모두 동일한 이상성격자나 변태

성격자 또는 사회적 실패자라는 고정관념을 깨버리는 결과였다. 연쇄살인범의 범죄행위는 유사성이 있을 수 있지만 각 사건에 대한 내용을 전문적으로 분석, 조사하게 되면 오히려 완전하게 다른 개별 범죄자의 특성이 드러났던 것이다.

연쇄살인범죄를 수사하고 연쇄살인범을 다루는 과정에서 가장 많이 등장하는 것이 지리적, 공간적 이동성이라는 개념이다. 특정 지역을 중심으로 하여 연쇄적으로 살인행위를 저지르는 범죄자가 존재하는가 하면 반대로 이동성이 광범위하여 좀처럼 연쇄살인범죄로 인식하지 못하도록 만드는 반대의 경우가 존재한다. 좁은 지역을 중심으로 연쇄살인범죄를 저지르는 범죄자는 상당수가 자신의 주거지를 기본으로 하여 원형으로 범행을 저지르는 것으로 파악되었으며, 반대로 광역적인 차원에서 연쇄살인범죄를 저지르는 범인들은 거주지가 아닌 이동성과 접근성, 그리고 검거가능성에 대하여 신중하면서도 치밀한 판단을 통해 범행범위를 넓혀가는 것으로 나타났다.

우리나라에서 발생한 이춘재 연쇄살인사건은 전자의 경우에 해당한다고 볼 수 있다. '공간적으로 이동하지 않는' 연쇄살인범으로 불리는 경우인데, 지역에 대한 정보와 범죄에 대한 취약점이 많다는 점 때문에 당시 화성지역에서 연쇄살인이 발생하였다고 판단된다. 좁은 지역 내에서 연쇄살인을 저지르는 범죄자들은 경찰의 집중적 수사망을 벗어나기 위해서 냉각기 또는 휴식기를 적극적으로 가지며, 아울러 범행 후에 경찰에 의한 검거망 또는 포위망을 벗어나기 위한 차원에서 빠른 이동, 즉 기동성을 가지고 있다. 반대로 광범위한 지역을 대상으로 하여 범행을 저지르는 경우에는 심할 경우 1년에 수만 킬로미터의 이동거리를 다니면서 피해자를 대상으로 살인 범죄를 저지르는 것으로 파악되었다. 외국에서는 헨리 루카스Henry Lucas, 테드 번디Ted Bundy, 래리 에일러Larry Eyler 등이 광역적 연쇄살인범의 예로 언급되고 있으며, 우리나라에서는 지존파, 막가파와 같은 연쇄살인범들이 전국을 누비면서 연쇄살인을 저지른 범죄자들이다. 전자는 고도의 은폐성과 계획성을 가지게 되는데, 이는 직접적으로 좁은 범위 내에서 수차례의 살인범죄를 저지르게 되면 많은 형사들과 수사관을 상대해야 하기 때문이다. 쉽게 잡히지 않기 위해서 많은 도구와 준비물을 가지고 범행을 수행하며, 범죄를 저지르는 과정에서 자신을 노출시키지 않기 위해서 최선의 노력을 다한다. 반대로 후자의 측면에서는 고도의 기동성과 인내력이 필요하다. 장거리를 이동하여 범죄를 저질러야 하기 때문에 은폐성이 상대적으로 떨어지는 대신에 이동을 신속하게, 그리고 장거리로 해야 하기 때문에 신속성과 인내력이 필요하다. 굳이 범행을 위해서 미국에서는 주 단위로 우리나라에서는 도(道)나 광역시 단위로 이동을 할 필요성이 있는지에 관해 의문이 생길 수 있지만 광역성을 띄는 연쇄살인범은 이를 당연하게 생각하고 있었다.

연쇄살인의 유형구분은 이 기준에서도 알 수 있듯이 범행의 내용보다는 범죄자 개인이 가지고 있는 고유한 특성을 기초로 하고 있다. 범죄자의 행위유형과 심리적 특징, 그리고 범행을 저지르게 된 동기 등을 판별하여 연쇄살인범죄의 유형을 구분한 것은 미 연방수사국의 기준이며, 현재 세계적으로 우리나라를 포함하여 대부분의 범죄수사기관들이 연쇄살인범죄를 정리 또는 구분하는 표준으로 활용하고 있다.

## ② 환영/환청에 의한 연쇄살인

둘째, 환영(幻影)에 의한 연쇄살인이 유형 가운데 하나로 지목받고 있다. 이 유형은 정신병이나 또는 정신이상으로 인해 발생하는 연쇄살인범죄와는 다른 특성을 보이는데 환영이나 환청(幻聽) 등에 의해서 연쇄살인을 지시받았다고 착각하고 이를 결행하는 경우를 의미한다. 실제 연쇄살인범죄를 저지른 이후에 수사기관이나 재판과정에서 자신의 억울함을 호소하는 경우가 많으며, 이는 자신의 의지에 따라서 범행을 저지른 것이 아니라 누군가가 자신에게 사람을 죽이라고 명령을 내렸기 때문이라고 주장한다. 환영에 의한 연쇄살인범은 '신의 명령'이나 '신의 목소리'에 의해서 성스러운 명령의 대행자로서 심판의 일종으로 피해자들을 살해하였다고 주장하는데, 사회악적/사회 암적인 존재를 청소하는 청소부로서의 역할에 충실하였을 뿐이라고 이야기 한다. 대표적으로 성매매 여성이나 부랑인, 노숙인, 비행청소년, 마약중독자, 장애자 등 사회적으로 소외되는 대상들을 주로 많이 공격하며, 특히 영국이나 프랑스에서 발생한 노숙자 대상 연쇄살인의 경우에 상당수가 이 유형에 해당한다. 환영에 의한 연쇄살인범의 전형으로 학계에서 정리한 사례는 미국의 하비 카리그난Harvey Carignan이다. 그는 어린 여자아이들만을 잔인하게 공격하여 살해하였는데, 법정 증언에서 신이 자신에게 명령을 하는 소리를 자주 들었으며 종국에는 어린 여자어린이들을 살해함으로써 신이 원하는 바를 이룰 수 있다는 생각을 했다고 진술하였다. 당시 법정에서 판사와 배심원들은 그의 주장이 허무맹랑하고 말이 되지 않는 거짓말을 하고 있다고 보았으나 법원에서 지정한 범죄심리분석관에 의해 실제 이렇게 믿고 있다는 점이 확인되어 큰 충격을 주었다.

환영에 의한 연쇄살인범은 검거가 되기 전까지는 절대적으로 막을 수 없다는 특징이 있다. 또한 범행을 저지르지 않도록 만드는 범죄억제적 기제가 완전히 붕괴된 상태이기 때문에 심각성이나 잔인성 측면에서 다른 유형의 연쇄살인보다 심각하다고 여겨진다. 법정에서 정신이상으로 보여 형량을 일정 부분 낮추기 위해 노력하는 차원에서 환영이나 환청에 의해 살인을 저지르게 되었다고 주장하는 경우도 많지만 법원에서는 법정최고형을 선고하는 것이 일반적이다.

형사, 사법학적인 입장에서 환영 또는 환청에 의한 연쇄살인범을 분석한다면 범죄심리학적 입장에서 보는 측면과 분명히 다르다. 범죄심리학적 측면에서는 이를 별도의 연쇄살인범죄 유형으로 구분하고 있지만 반대로 형사, 사법적인 입장에서는 죄책(罪責)과 관련한 부분이기 때문에 단순하게 정신이상에 의한 연쇄살인범죄로 보게 된다.

별도의 구분유형으로 환영 또는 환청에 의한 연쇄살인범과 범죄자는 정신이상에 의한 범죄자가 아님을 미 연방수사국은 명확하게 규정하고 있다. 다시 말해서, 비정상적인 종교 활동이나 신앙, 사상적 활동이 원인이 되며, 본인이 자신만의 세계관 속에서 연쇄살인이라는 행위양태를 해야만 한다는 강박증을 가지는 경우에 발생한다고 보고 있다. 따라서 미국이나 영국에서는 이러한 유형에 해당하는 연쇄살인범죄자의 경우에 사고능력을 인정하여 엄벌에 처하고 있는 실정이다.

일부 학자들은 환영 또는 환청에 의한 연쇄살인범죄자를 종교나 사상에 심취한 연쇄테러범과 동일한 특성을 가진 유형이라고 제시하고 있다. 환영 또는 환청에 의한 연쇄살인과 정신이상에 의한 연쇄살인을 구분하는 과정에 여러 가지 논란이 존재하는 것은 사실이다. 광의(廣義)의 개념에서 본다면 환영 또는 환청에 의한 연쇄살인은 정신이상에 의한 연쇄살인에 포함된다는 주장이 제기되었는데 심도 있게 이를 바라본 형사학자들은 양형과정이나 재판과정에서 이를 별도로 고려하지 않더라도 유형에 대한 구분은 하는 편이 범죄수사과정을 위해서는 필요하다는 의견을 제시하기도 하였다.

정신이상에 의한 연쇄살인범들은 상당수가 보이지 않는 공포감이나 불안감을 느낌으로써 이를 벗어나기 위한 목적에서 피해자를 연속적으로 살해하는 경우가 많다. 하지만 환영 또는 환청에 의한 연쇄살인범은 공포나 불안감보다는 자신에게 주어진 절대자의 명령을 수행해야 한다는 의무감에 집착하기 때문에 내용적인 차원에서는 분명하게 구분이 된다고 사료된다. 정신이상에 의한 연쇄살인범죄를 과도한 피해망상에 의한 연쇄살인범죄라고 따로 부르고 있는 사실만 보더라도 환영 또는 환청에 의한 연쇄살인과 정신이상에 의한 연쇄살인을 별도로 구분해야 하는 충분한 이유가 된다고 생각된다.

아직까지 우리나라는 형사법정의 재판과정에서 환영 또는 환청에 의한 연쇄살인범죄와 정신이상에 의한 연쇄살인범죄를 구분하지 않고 있지만 영국이나 미국, 캐나다와 같이 배심원제을 활용하는 국가에서는 일정하게 범죄나 범죄자의 죄질을 살펴보는 과정에서 중요한 구분척도로 활용하고 있다. 개별적 사건이나 범죄자의 성향에 따라서 명확하게 자로 잰 듯이 정리할 수 있는 기준이나 구분선을 제시할 수 있는 것은 아니라 하더라도 이에 대한 정밀한 분석과 판단작업이 통상적으로 이뤄지고 있는 실정이다. 영미법계 국가에서 정신이상에 의한 연쇄살인과 환영 또는 환청에 의한 연쇄살인을 구분하게 된 것은 환영 또는 환청에 의한 연쇄살인범이 사형과 같은 극형을 면하기 위해서 변호사와 짜고 정신이상에 의한 연쇄살인을 저지른 것처럼 법정에서 연기를 하여 법정최고형을 모면한 사건들이 자주 일어났기 때문이다. 이러한 문제의 재발을 방지하는 차원에서 환영 또는 환청에 의한 연쇄살인범과 정신이상에 의한 연쇄살인범을 구분할 필요성이 대두되었으며, 저명한 형사학자들을 동원하여 이에 대한 문제점들을 확인하고 구분하는 일종의 제한선을 두게 되었다. 환영 또는 환청에 의한 연쇄살인범의 경우에 외국 사례를 보면 상당수가 극히 정상적인 사회활동을 하다가 일정 시점이 되면 다시 살인을 저지르는 것으로 나타나고 있다. 회사원이나 공무원, 교사, 자영업자 등의 정상적인 직업 활동을 하는 경우가 대부분이며, 놀라운 것은 경찰관이나 군인 같은 직업을 가진 사람들 중에서 연쇄살인범죄를 저지르는 사례도 확인된다는 사실이다. 연쇄살인범들이 경찰에 검거되어 재판정에 세워지는 순간 주변 사람들 모두가 경악하는 상황이 전개될 뿐만 아니라 사회적으로 미치는 파장과 영향도 엄청나다고 볼 수 있다.

영화나 소설 등에서 자주 등장하는 가상의 인물이기는 하지만 일반인들이 가장 많이 아는 유형의 연쇄살인범들 대부분이 환영 또는 환청에 의한 연쇄살인범이다. 특히, 범죄를 주제로 다룬 추리영화에서 단골메뉴로 등장하는 것이 이 유형이기 때문에 일반인들에게는 아주 잘 알려진 연쇄살인범죄자 형태일 것이다. 하지만 현실에서 환영 또는 환청에 의한 연쇄살인범죄는 그리 흔하게 발생하는 것은 아니며, 우리나라의 경우에는 연쇄범죄자에 대한 전문적인 분석시스템인 프로파일링 시스템이 도입된 이후로는 발견된 경우가 거의 없는 상황이다. 하지만 정서적으로 심리적으로 힘든 사회적 환경이 지속될 경우 이로 인한 스트레스로 인해 특정종교나 사상에 심취하여 현실로부터 도피하는 경우가 발생할 수 있으며, 더욱이 극단적 믿음을 가지는 사람들이 급증하는 사회적 상황까지 결합되어 얼마든지 발생 가능한 유형이라고 예상된다. 특히 다문화, 다인종 사회로 전환되는 시점에서 다른 인종과 문화에 대한 극단적 혐오주의가 실제 공격행위로 전이될 경우에 얼마든지 발생 가능한 극악범죄 유형이라는 점에서 이에 대한 연구와 대비가 필요할 것이다.

### ③ 사명적(使命的) 연쇄살인

사명적 연쇄살인이란 종교적인 목적에 의해서 피해자를 연쇄적으로 살인하는 경우로 정의할 수 있다. 앞에서 언급한 환영, 환청에 의한 연쇄살인범은 신 또는 자신이 믿는 절대자, 명령자의 지시에 따라서 살인범죄를 저지르게 되는데, 이와는 다르게 사명적 연쇄살인범은 자신을 신의 대행자로 확실하게 믿고 사회악을 척결하는 일종의 심판자라고 착각하고 있다. 사명적 연쇄살인을 별도의 유형으로 형사학자들이 구분하는 것은 이와 같은 사건들이 많이 발생하였기 때문이다. 특히 이 유형에 대해서 집중적으로 연구한 학자들은 해당 범죄자가 정신적 결함을 가지고 있을 뿐만 아니라 특정 종교에 심취하여 자기 마음대로 신의 성격을 규정하고, 이렇게 규정한 신의 명령이 잔인한 살인이라고 확신을 가지기 때문에 처벌에 대한 두려움이 전혀 없이 과감하게 많은 사람을 살해하는 선택을 하게 된다고 지적하고 있다. 자신의 기준에서 보았을 때, 사회적으로 전혀 도움이 되지 않거나 오히려 사회악으로서 문제를 일으키는 대상을 제거하는 것이 이 세상을 천국으로 바꾸는 지름길이라고 생각하며 일종의 순교자와 같은 마음으로 신의 명령에 따라서 사회를 혼란하게 하는 자들을 처단하는 것이 지금의 인생에서 중요한 목표라고 생각한다. 당연한 이야기이지만 극히 위험한 정신적 사고를 가지고 있음은 물론 이를 결행할 경우에는 사회적 테러의 수준으로 심각한 문제를 야기하게 된다. 이러한 원인으로 인해 연쇄살인을 저지르게 되면 그 과정에서 절대적인 최면상태에 빠진다. 자기 스스로를 천사 또는 신의 대행자로 여기기 때문인데 살인방법 역시 극히 잔인한 경우가 많다. 살해한 피해자의 이마에 피를 이용하여 십자가를 그려 넣거나 온몸을 절단하여 사방으로 흩어놓기도 하며, 피해자의 시신을 심하게 훼손한 후에 사람들이 많이 왕래하는 장소에 공개하는 경우까지 있다. 로버트 드 니로가 주연한 명작영화인 『택시 드라이버(Taxi Driver)』의 주인공도 사명적 연쇄살인범으로 잘 표현되고 있다. 과거 이스라엘 예루살렘에서 이슬람 신자를 대상으로 한 연쇄살인범죄가 발생하여 이스라엘 경찰을 긴장시킨 사건이 있었는데, 이슬람교와 기독교, 유대교의 갈등이 심각한 지역에서 종교 갈등으로 인한 광신자의 테러쯤으로 생각했던 것이 나중에 범인이 잡힌 이후에 사명적 연쇄살인범임이 밝혀진 사례도 있었다.

사명적 연쇄살인범의 특징은 피해자의 특징과도 바로 연결된다. 사명적 연쇄살인을 하고자 한다면 일단 특정 유형의 사람들만을 대상으로 범행을 계획하게 되는데 주로 자신의 기준에서 사회에 전혀 도움이 되지 않는다고 느끼거나 생각하는 소집단을 대상으로 한다. 대표적으로 흑인이나 이슬람교도, 유대인, 가출청소년, 길거리의 성매매 여성, 마약중독자, 노숙인, 폭주족, 조직범죄단체 조직원, 독거노인 등이 이에 해당된다. 사명적 연쇄살인범은 하나로 정리된 목표물에 대해서 유사성이 있다면 무차별적으로 살인행위를 저지른다. 사명적 연쇄살인범이 공격목표로 정한 피해자를 살해한 이후에는 신이 자신에게 맡긴 심판자로서의 역할과 임무에 충실하였다는 만족감을 가지게 되며, 대부분이 집에 돌아와서 기도를 하거나 종교적 의식을 하는 것으로 해당 사건에 의미를 부여하는 자기만의 행사를 가진다. 살인과정에서 성적 쾌락 보다는 자신의 역할과 기능에 대한 자아도취나 만족감을 얻게 되는데 이러한 사회에 대한 극단적 기여감으로 바로 다음 범행으로 이어지도록 만드는 심리적 원인이 된다.

미국의 형사학에서 보는 사명적 연쇄살인범은 슈퍼맨이나 배트맨, 스파이더 맨과 같은 보이지 않는 곳에서 폭력적인 방법으로 사회적 문제자들을 제거하고자 하는 일종의 정신이상집단으로 보고 있다. 특히, 이런 유형의 범죄자들이 검거된 이후에 모든 사회활동과정을 살펴보면 대부분이 극히 정상적이면서 준법적인 삶을 살아왔다는 점이 발견된다. 더욱이 연쇄살인을 저지른 사람이라고는 도저히 믿기 어려울 정도로 건실하면서도 성실한 모습이 존재하기 때문에 수사초기에는 수사관조차 범인으로 믿지 않는 경우도 있다. 검거된 이후의 진술내용은 대부분이 사회악을 척결하기 위해서 자신을 희생하고자 결정하였다고 이야기를 하며, 실제로 이러한 사고구조가 극악한 연쇄살인범죄를 저지르도록 만드는 원인이었다.

통상적으로 연쇄살인범들은 범행을 저지르면 저지를수록 자신이 검거되어 극형을 받을 수 있다는 공포감을 가지게 되는데, 유독 사명적 연쇄살인범은 이러한 공포로부터 자유로운 모습을 보인다. 오히려 경찰에 의해 용의자로 특정화 되어 수사를 받고 구속이 된 이후에 자신이 할 일을 모두 마무리하였다는 생각에 홀가분해하면서 극도의 심리적 안정감을 찾는 모습도 보인다. 더욱이 법관이나 검사들을 놀라게 하는 부분은 자신에게 사형을 선고하여 달라고 요청하는 경우가 대부분이라는 사실이다. 이에 대해 형사학자들이 연구를 통해 알아낸 결과는 순교가 최종적인 이들의 목표이기 때문에 교도소에서 종신형이나 무기징역을 받아 고통을 받는 것보다는 빨리 목숨을 버림으로써 자신에게 사회정의구현을 명령한 신의 곁으로 빨리 갈 수 있다는 생각을 가진 것으로 확인되었다. 다시 말해서 사명적 연쇄살인은 범인이 검거되기 전까지는 그 어떠한 방법으로도 이를 막을 수가 없으며, 더 큰 문제는 이들이 드러나거나 외형적으로 튀는 사회적 삶을 살고 있지 않기 때문에 수사기관이나 수사관의 입장에서도 좀처럼 찾아내기가 어렵다는 부분이다.

사명적 연쇄살인범과 심리적 기제에서 가장 유사한 다른 범죄유형으로서 테러리스트가 있다. 테러리스트는 사상적, 종교적, 이념적 기준에 따라서 자신의 사상과 반대되는 집단이나 개인을 대상으로 하여 테러행위를 서슴지않는 행태를 보인다. 자신의 목숨을 버리는 일에 전혀 개의치 않으며 검거되거나 보복을 당하는 상황에 대해서도 모두 자신의 일로 수긍해버린다. 소위 사상범으로 불리는 이념적, 종교적, 사상적 테러리스트는 심리적인 과정에 있어서 사명적 연쇄살인범과 동일한 선상에 있다. 확신범의 범주에 있다고 할 것이다.

환영 또는 환청에 의한 연쇄살인범과 사명적 연쇄살인범은 수사과정 또는 재판과정에서 극명한 태도의 차이점을 보여준다. 사명적 연쇄살인범은 자신의 행위에 대해서 정당성을 오히려 주장하며, 자신의 행위를 평범한 사람들의 상식적인 사고로는 이해할 수 없다는 식으로 논리를 펼친다. 반대로 환영 또는 환청에 의한 연쇄살인범은 극형에 처해질 것이 두려워 심리적인 불안감을 보이거나 자신에게 재판상 형량감경을 위해 유리한 조건이나 내용들을 계속적으로 제시한다. 아울러 선처를 요청하는 반성문을 재판부에 많이 제출하는 방식으로 삶에 대한 애착적 반응을 보인다. 하지만 사명적 연쇄살인범은 자신에게 내려지는 극형에 대해서 전혀 심리적인 동요를 가지지 않으며, 오히려 자신에게 명령을 내린 신에게 빨리 갈 수 있는 길을 열어주었다면서 기쁨을 표현하는 경우도 발생한다. 보편적인 관점에서 순결의식이 강한 사람, 자아의 주체성과 우월성이 강한 사람, 정의감이 강한 사람, 원론과 원칙을 중요하게 여기는 사람 등이 주로 사명적 연쇄살인범으로 전이될 가능성이 큰 것으로 알려져 있다. 중세 유럽에서 마녀사냥이나 십자군 원정 시의 이교도 학살사건이 발생한 것도 방금 나열한 성격을 가진 귀족층들이 자기들의 편협한 종교 사상을 바탕으로 저지른 범죄였으며, 이와 유사한 성격적 기질을 가진 사람들이 현대에 와서 사명적 연쇄살인을 저지른다고 볼 수 있다. 공개재판이나 공개처형과 같은 극단적 유형의 여론몰이식 처벌도 사명적 연쇄살인과 정신적, 정서적인 측면에서 유사하다고 볼 수 있다.

　미국과 프랑스, 북구 유럽국가(스웨덴, 핀란드, 노르웨이 등), 동유럽국가에서 사명적 연쇄살인이 급증하고 있는데 이는 사회가 가지고 있는 여러 가지 문제들이 사명적 연쇄살인범들을 만들어내고 있기 때문이다. 사명적 연쇄살인범들은 사회의 불합리한 제도와 무기력한 사법기관과 사법제도에 대해서 비판적인 사고를 가지며, 자신이 보고 있는 사회적 문제점들을 해결할 수 있는 방법을 찾기 어렵다고 판단하면 직접 본인이 나서서 해결해야 한다는 생각을 갖고 있으며 비록 범죄행위라 하더라도 정의를 구현하기 위해서 사회적으로 악이 되는 인간들을 제거해야 한다는 그릇된 정의감을 가지고 있다.

일부 형사학자들은 사명적 연쇄살인의 급증이 비단 범죄자 개인의 문제만으로 치부하기에는 너무 많은 내면적인 문제들을 포함하고 있다고 본다. 더욱이 인간이 인간을 살해함에 있어서 계속적으로 범행을 저지른다는 것은 그만큼 개인의 행위를 제어할 수 있는 사회 내부의 윤리나 도덕이 제대로 힘을 발휘하지 못하고 계층 간, 계급간의 갈등이 심화됨으로 인해 나타나는 문제라고 보고 있다. 특히, 사명적인 연쇄살인을 저지르는 범인들이 사회구조 자체에 대해서 강력한 불만을 가지고 있다는 점에서 이러한 불평등과 부조화, 차별의 문제가 해소되면 자연스럽게 사명적 연쇄살인범죄도 줄어들게 될 것이라고 전망하였다.

#### ④ 쾌락적 연쇄살인(Hedonistic Serial Killing)

쾌락적 연쇄살인이란 성적인 쾌락을 목적으로 살인을 즐기는 것을 말한다. 살인을 주제로 한 영화나 소설 등에서 많이 찾아볼 수 있는데 유럽이나 미주지역에서 많이 발생하는 연쇄살인의 유형이다. 일반적인 사람들은 성적인 쾌락을 직접적인 성행위와 포르노비디오 시청과 같은 데서 찾는데 반해 쾌락적 연쇄살인범은 살인을 하는 과정에서 일종의 성적인 쾌락을 느끼는 것으로 알려져 있다. 이는 방화광들이 불을 지르면서 쾌락을 얻는 것과 같은 맥락으로 볼 수 있을 것이다.

쾌락적 연쇄살인이 가지고 있는 가장 큰 특징은 대상자를 죽이는 결과가 중요한 것이 아니고 대상자를 죽이는 과정 자체가 더욱 중요하다는 점이다. 따라서 앞에서 언급한 연쇄살인범 유형의 경우 빠른 시간 안에 피해자를 죽이는데 반해 쾌락적 연쇄살인범은 시간을 두고 천천히 고통을 주면서 목숨을 빼앗는다. 즉 다시 말해 피해자가 죽음에 이르는 동안 얻는 고통과 괴로움을 보면서 쾌감을 느끼는 것이다. 이와 같이 과정에 중심을 두는 연쇄살인은 피해자에 대한 지배행위(Domination), 신체 토막행위(Mutilation), 고문행위(Torture), 식인행위(Anthropophagy), 사지 절단행위(Dismemberment), 사체 식육행위(Necrophilia) 등과 깊은 관계가 있다. 피해자의 지배행위란 피해자를 감금하고 고통을 줌으로써 그를 지배했다는 만족감을 느끼는 경우를 말한다. 특히, 이성에 대한 살인에 있어서 이 같은 경향이 강하게 나타난다. 식인행위나 사체 식육행위는 일종의 '식인종'으로 볼 수 있는데 인간의 고기를 먹으면서 내재적으로 억제되어온 식욕을 충족시키는 비정상적 정신상태의 표현형을 이야기한다. 사지 절단행위나 신체를 토막 내는 행위는 범행을 은폐하기 위한 목적도 있기는 하지만 여기서는 상대방에게 고통을 주기 위한 수단으로서의 절단행위를 이야기한다. 여기서 반드시 분리하여 이해해야 할 내용이 있는데 사람을 살해한 후 신체를 절단하는 행위와 살아있는 사람의 신체를 절단하는 행위는 분명한 차이가 있다는 점이다. 사람을 살해한 후 그 신체를 절단하는 행위는 일종의 범행은폐 행위로 볼 수 있지만 살아있는 사람을 절단하는 행위는 지금 설명하고 있는 쾌락적 살인의 유형에 해당한다. 일반적으로 쾌락적인 절단살인은 사체나 인육을 먹는 행위와 같이 일어난다.

미국에서는 스미스라는 한 여성이 자신의 남편을 묶은 채로 사지를 절단하였으며, 사망한 후에는 남편의 살을 요리하여 먹은 엽기적인 살인사건이 발생하였다. 이는 쾌락적 살인의 전형적인 예라 할 수 있다. 제리 브루도스Jerry Brudos라는 살인범은 피해여성 세 명의 양 가슴을 도려낸 후 이를 석고로 본을 떠서 자신의 집안에 있는 벽난로 속에 간직했다. 켄 비앙키Ken Bianchi와 안젤로 부오노Angelo Buono라는 공범은 어린 피해여성들을 부오노의 집으로 고문살해하기 위해 유인한 후 비닐 백으로 숨을 못 쉬게 하여 실신시킨 후 다시 깨어나면 같은 방법으로 실신할 때까지 고문하였다. 이들은 어린 피해 여성들이 고통스러워하는 모습을 보면서 성적인 쾌락을 느꼈으며 결과적으로 이를 계속적으로 유지하기 위해 아주 잔인한 방법을 사용하였다. 특히 토막 낸 피해자들의 신체부위를 아직 살아 있는 피해자에게 보여주면서 쾌락을 즐기는 잔인함을 보였다. 두 연쇄살인범들은 피해자를 부오노의 집으로 데리고 가 끔직한 살인행각을 벌인 것으로 유명하다. 이들은 피해자들을 아주 잔인한 방법으로 고문하였으며, 이 과정에서 할 수 있는 잔인한 방법은 모두 다 동원하였다. 채찍으로 때리는 것은 기본이고 각 신체부위를 칼로 도려내거나 돌출한 부위에 집게나 기타 송곳 등을 이용하여 아주 잔인하고 극악한 고통을 가하였다. 두 연쇄살인범은 이 과정에서 고도의 쾌락을 얻을 수 있었으며, 지속적인 자극을 위하여 연쇄살인이라는 극단적인 수단을 선택한 것으로 평가된다. 나중에는 고탄력 고무장갑이나 비닐봉지를 이용하여 피해자에게 숨을 쉬지 못하도록 머리에 씌우거나 아니면 물고문을 자행하여 이들이 연속적으로 실신하도록 만들었다. 피해자가 고통을 참지 못하고 실신하는 경우에는 이들을 다시 인공호흡 등으로 소생시켜 죽지 않도록 만들었으며, 소생시킨 이후에 역시 같은 방법으로 계속적인 고문을 가하였다. 쾌락적 연쇄살인범은 도움을 전혀 받지 못하는 피해자들을 상대로하여 엽기적인 가학행위를 진행하는 과정에서 강렬한 성적 흥분을 느낀다. 더욱이 피해자가 애원하거나 목숨을 구걸하거나 또는 심한 고통을 호소하는 경우라면 성적인 흥분은 배가가 된다.

우리나라에서는 이러한 쾌락적 유형의 연쇄살인범이 거의 나타나지 않고 있으며, 연쇄살인범보다는 강간범에게서 흔하게 나타나는 유형이다. 범죄학자들은 연쇄강간범 가운데 피해자에게 신체적인 고통을 가하는 강간범들이 나중에 이와 같은 쾌락적 연쇄살인범으로 진화된다고 보고 있다. 더욱이 사회적으로 성에 대한 개방성이 강한 경우에 이러한 일이 일어날 가능성은 더욱 높아진다. 전 세계적으로 이러한 쾌락적 연쇄살인범에 해당하는인물로서 로버트 버델라Robert Berdella, 제프리 다머Jeffrey Dahmer, 존 게이시John Gacy 등이 연구되었다.

### ⑤ 이윤추구적 연쇄살인(Comfort-Oriented Serial Killing)

쾌락적 연쇄살인과 비슷한 유형으로서 이윤목적의 연쇄살인이 있다. 우리가 흔하게 이야기하는 암살자나 킬러들이 이 같은 유형에 해당하는데, 돈을 대가로 자신과는 전혀 무관한 사람을 살해하고 이에 대한 보수를 받음으로써 역시 성취감을 느낀다. 이 같은 스타일의 범죄자유형을 범죄학자들은 "심리적 안정을 위한 살인범"이라고도 부르는데 자기 자신의 안락함과 정서적, 환경적 안정을 위해 연쇄적으로 살인을 저지르기 때문에 이같이 부르는 것이다.

연쇄살인을 자행하는 여성 중에는 이윤추구적인 경우가 많은데 자신의 남편이나 주변 사람을 죽이고 보험금을 타내거나 금전적인 이익을 얻는 사례가 많다. 미국에서 큰 문제가 되었던 에일린 워노스Aileen Wuornos, 도로테아 푸엔테Dorothea Puente 등이 가장 전형적인 예이다. 이들 여성들은 돈을 목적으로 남편, 채무자, 직원, 상관 등을 죽였으며 이것이 나중에 발각되어 극형에 처해졌다.

최근 들어, 우리 사회에서도 경제적인 안정성에 대한 사회적 욕구가 아주 강하게 일고 있다. 특히 1990년대 말에 불어 닥친 IMF 금융위기로 인해 많은 사람들이 실직되고 2000년대 초반에 일어난 신용카드 대란 등으로 인해 많은 젊은이들이 자의든 타의든 간에 신용불량자 또는 장기 연체자가 되었다. 과거에는 범죄관련 전과가 본인에게 있어서 가장 큰 불이익이나 불명예가 되었지만 지금은 신용불량이 가장 심각한 문제가 된다. 특히 카드를 잘못 사용하여 젊은이들이 수천만 원에서 수억 원의 빚을 지는 사례까지 일어나고 있으며, 이를 타개하기 위한 방법으로 사람을 살해하는 것과 같은 극단적인 방식을 선택하기도 한다. 이익을 얻기 위해 일어나는 연쇄살인은 언제든지 누구나 저지를 수 있다는 문제점을 안고 있다. 더욱이 경제적인 부분이 강력하게 영향을 미치는 사회적 환경이라면 그 가능성은 훨씬 커진다.

이윤추구적 연쇄살인이나 쾌락적 연쇄살인은 지역적으로 일정한 지역 내에서 한정되어 연쇄살인을 저지르지 않기 때문에 범행사실을 발견해 내기가 몹시 어려울 뿐더러 살인사건의 연결성을 찾아내는 것도 그리 쉽지 않다는 특성을 가지고 있다. 또한 범인의 지능수준이나 수법이 상당히 고도화되어 있기 때문에 수사기관이 이들을 적발해내는 것도 역시 쉬운 일이 아니다. 이 같은 유형의 살인범은 거의 대부분 몇 개월 내지는 몇 년 이상의 수사기간이 경과해야 사법당국에 겨우 적발된다.

### ⑥ 힘의 과시를 위한 연쇄살인(Power Control Serial Killing)

힘의 과시를 위한 연쇄살인이란 살인피해자에게 강제력이나 위력을 가하는 과정에서 일정한 자아만족이나 성적인 쾌락을 얻는 경우를 말한다. 이 유형의 살인범들이 얻는 쾌락은 앞에서 이야기한 연쇄살인범들이 느끼는 쾌락과는 상당한 차이를 보인다. 앞에서 설명한 유형의 연쇄살인범들은 우리가 일반적으로 성관계에서 느끼는 것과 동일한 성적인 쾌락을 느끼기 위해서 연쇄살인행위를 벌이는 반면에 힘의 과시를 위한 연쇄살인범은 힘이 없거나 약한 피해자들에게 자신의 우월성이나 힘을 과시하는 과정에서 색다른 쾌감을 맛본다.

1997년에 우리나라에서도 이 유형에 해당하는 사건이 있었다. 한 손님이 만화가게의 주인을 묶어놓고 고통스럽게 죽이는 과정을 캠코더로 녹화한 사건이었다. 당시 범인은 만화가게 주인에게 살려달라고 애원할 것을 요구했으며, 겁에 질린 피해자가 그의 지시에 따르자 더욱 가학적인 행동을 하였다. 결국 피해자는 숨을 거두었으며 가해자는 경찰에 체포되었다. 이 사건의 범인은 극히 평범한 샐러리맨이었으며 외관상으로 별다른 문제를 가지고 있지 않았다. 하지만 내재적으로는 타인에 대한 지배욕이 강했기 때문에 이와 같은 엽기적인 살인사건을 저지른 것이다. 힘을 과시하기 위한 방법으로 범인들은 다양한 가학적 방법을 활용한다. 신체부위를 하나씩 절단하거나 피해자가 살려달라거나 도와달라고 애원하도록 유도하는 경우가 있으며, 피해자가 반항하면 오히려 살해의욕을 상실하는 반면에 애원하거나 굴복적인 태도를 보이는 피해자는 그대로 살해하는 경향이 강하다. 어쨌든 이 유형의 살인범은 자신의 힘을 피해자가 느끼도록 최대한 잔인한 방법을 활용하게 되며 이를 통해 극적인 쾌감을 만끽한다. 이 유형에 해당하는 연쇄살인범들은 기존의 사회적 가치를 그대로 수용하지 않으려는 경향이 강하며 기존의 체제와 질서를 무너뜨리기 위한 방법으로 살인이라는 극단적인 수단을 선택한다. 즉, 다시 말해 인간사회에서 가장 큰 죄라 여겨지는 살인을 저지름으로써 기존의 가치관과 질서를 무너뜨리게 되는 것이다. 또한 사회 내에서 냉대와 질시, 그리고 무시를 당하는 범인들이 피해자를 죽음에 이르게 하는 순간까지 짧은 시간동안 지배함으로써 그동안 해보지 못했던 정복욕과 지배욕을 충족시키고 그에 따르는 만족감을 얻게 되는 것이다. 힘의 과시를 위한 연쇄살인범은 흔한 이야기로 한방에 사람을 죽일 수 있는 무기는 사용하지 않는다. 오히려 고통을 주면서 서서히 사람을 죽일 수 있는 무기류를 즐겨 사용한다. 칼, 송곳, 톱, 손도끼, 라이터, 드라이버, 각목, 못, 전기선, 빨랫줄과 같이 일상적으로 사용하는 도구들을 살인도구로 활용한다. 예를 들어, 목을 졸라 피해자를 살해할 경우 바로 숨이 멎도록 하지 않으며, 숨이 멎기 직전에 조이기를 멈추어 피해자를 다시 살려놓은 후 또 다시 목을 조르는 식으로 엄청난 고통을 주면서 피해자를 살해한다. 또 각목이나 몽둥이와 같은 물건으로 피해자를 구타하면서 죽지 않을 정도로만 때리며, 정신을 차리게 한 후에 다시 구타하는 식으로 거의 고문에 가까운 방법을 사용한다.

우리가 연쇄살인의 유형을 분류함에 있어서 주의해야 할 내용이 있다. 지금까지 제시한 연쇄살인범의 특성별 유형분류는 어디까지나 연구나 이해가 편리하기 위해서 만든 일종의 인위적 장치라 할 수 있다. 따라서 모든 연쇄살인범들이 위에서 제시한 유형이 들어맞는다고 보기는 어려우며, 각각의 상황에 따라서 제한적인 분류가 있을 수 있다. 특히 공통적으로 나타나는 특성도 많다는 점을 이해하면서 연쇄살인에 대한 연구와 학습, 검토가 필요하다고 생각된다.


### (3) 연쇄살인범죄의 특징

연쇄살인범죄는 경찰청 살인수사매뉴얼에서 구분하고 57가지의 살인범죄유형 가운데 하나로 종류가 정리되어 있다. 특히 이춘재 연쇄살인사건이 발생한 이후로 연쇄살인사건에 대한 사회적 불안감과 인식이 높아졌으며 이러한 유형의 사건만을 별도로 수사, 연구하는 방향성이 설정되었다. 검찰의 공소제기와 기소유지와 관련한 내용이 아닌 범죄현상을 실증적으로 파악하기 위한 목적에서 연쇄살인을 살인범죄의 유형 가운데 하나로 설정하였다는 점에 의의를 둘 수 있다.

연쇄살인범죄에서 이야기 할 수 있는 첫 번째 특징은 고유한 개별적인 연쇄살인범죄의 동기가 확실하게 존재한다는 점이다. 통상적으로 범죄행위는 동기 없는 범죄와 동기가 있는 범죄로 나뉜다. 단순하게 우발적으로 상대방을 살해한 살인범죄의 경우에는 동기가 없는 경우가 많다. 하지만 연쇄살인범죄는 분명한 동기를 가지고 있으며, 이 동기의 구체성에 대해서 범인 본인은 모른다 하더라도 거의 대부분의 실체가 수사과정이나 재판과정에서 분명하게 드러난다.

두 번째 특징은 연쇄살인의 피해자가 일정한 공통된 특징을 가지고 있다는 점이다. 연쇄방화나 연쇄강간의 경우에 있어서 피해자의 공통된 특징의 존재유무는 사건마다 다를 수 있다. 다시 말해서 피해자의 공통점에 존재하지 않는 경우도 있을 수 있다는 점이다. 하지만 연쇄살인범죄는 피해자들의 공통적인 특징이나 사회적, 행동적 특징이 분명하게 존재하며, 이러한 특징들이 범인의 범행을 쉽게 저지르도록 만드는 유도요인으로 작용한다.

세 번째의 특징은 연쇄살인범죄를 막을 수 있는 유일한 방법은 검거뿐이라는 점이다. 연쇄방화나 연쇄강간은 범인의 심리적, 정신적, 환경적 변화에 의해서 더 이상 범행을 이어가지 않는 경우가 있으나 연쇄살인범죄자는 일단 범행을 저지르게 되면 결코 스스로 범행을 그만 두지 않기 때문이다. 따라서 연쇄범죄로 파악되는 순간에 바로 특별수사본부를 설치하여 활용 가능한 가용 수사자원을 전부 동원하여 범인을 신속하게 검거하지 않으면 안 된다.

미국이나 영국 등은 상시적인 전담기구들이 있지만, 한편으로는 지방자치 경찰 제도를 운영하기 때문에 수사의 전문성이 국가경찰 또는 연방경찰보다 떨어지는 것이 사실이며, 수사를 포기하거나 또는 수사에 진척이 없을 경우에 국가경찰이나 연방경찰로 수사관할권을 넘겨야 하지만 그렇게 하지 않고 자신들이 직접 수사를 해야 한다는 고집을 부림으로 인해 수사망에서 범인이 벗어날 수 있는 충분한 시간과 여유를 제공하는 부작용도 발생하고 있어 문제점으로 지적되고 있다.

네 번째의 특징은 연쇄살인범과 일련의 피해자 사이에 사회적 인간관계가 전혀 없다는 점이다. 이는 반대의 양상을 보면 알 수 있는데 일반적인 단순살인범죄는 전체 사건의 2/3 이상이 서로 아는 사이에서 발생한다. 하지만 연쇄살인범죄의 피해자 가운데 90%는 자신을 살해한 범인과 전혀 일면식도 없는 경우들이다. 이는 우리나라뿐만 아니라 외국의 사례에서도 그대로 나타나고 있다. 연쇄살인범죄를 연구한 형사학자들은 연쇄살인범죄에서 나타나는 비면식성이야말로 연쇄살인이 지속되도록 만드는 원인이라고 주장하고 있다. 사람을 살해하는 행위 자체가 보통의 행위는 아니며 피해자 상대방과의 면식성은 범행을 저지르는데 결정적인 장애요인으로 작용할 수밖에 없다. 하지만 연쇄살인범은 피해자와의 면식성이 거의 없기 때문에 감정적인 동요나 피해자에 대한 연민, 상대방의 인생에 대한 고려가 전혀 발생하지 않음으로써 쉽게 상대방을 살해하게 된다.

다섯 번째 특징은 연쇄살인범들은 살인행위 자체를 종교적 의식과 같은 의미로 인식하고 있다. 단순하게 사람을 계속해서 죽이는 행위라기보다는 특정한 종교를 믿는 사람들이 집단적으로 또는 개인적으로 수행하는 일종의 기도나 미사, 예불(禮佛)과 같은 방식으로 생각하고 있다. 따라서 성스럽고 경건한 과정과 절차로 생각하기 때문에 장난식으로 범행을 저지르거나 피해자를 다루지 않으며, 범행 수행과정에서 자신이 원하는 범죄적 오르가즘에 이르기 위해 최선의 노력을 다한다. 특히 납치한 피해자를 연쇄적으로 살해하는 납치연쇄살인범의 경우에는 거의 천주교의 미사에 버금갈 정도로 서서히 경건하게 살인의 의식을 진행한다.

다른 단순살인범죄는 상당수가 우발적으로 또는 극도의 분노상태로 인해 발생하기 때문에 순식간에 범행이 진행되지만 고도의 계획성을 띄는 연쇄살인범죄는 이와는 정반대의 양상을 보이게 된다. 연쇄살인범들이 의식적, 행사적 차원에서 하는 의도적인 행위의 양태를 정리하면 다음과 같다.

ⓐ 피해자 사체를 고의적으로 야산이나 들판 등의 자연 상태로 방치함

ⓑ 시체에 서명이나 글씨 등을 남김

ⓒ 시체의 목에 특정한 형태의 매듭을 남김

ⓓ 피해자의 사체 일부를 절단하여 보관함

ⓔ 피해자의 사체 일부를 절단하여 수사기관에 택배로 보냄

ⓕ 시체를 요리하여 먹음

ⓖ 피해자의 사체를 애완동물의 먹이로 제공함

ⓗ 시체를 소각로에서 소각하거나 소석회를 뿌림

ⓘ 사체를 수백조각으로 나누어 틈틈이 변기에 버림

ⓙ 피해자의 사체를 자기 집 정원이나 뒷마당에 모두 묻음

ⓚ 피해자의 생전, 가해과정, 그리고 사망 후 사진을 찍어 보관함

보통의 경우 '인면수심(人面獸心)의 살인마'라고 표현하지만 이는 인간으로서 해서는 안 되는 살인을 했기 때문에 붙이는 이름일 뿐이며, 보다 정확하게는 피해자와의 인간적 관계나 면식적인 부분이 전혀 없기 때문에 쉽게 본인이 범죄의 목적으로 설정한 살인행위를 저지를 수 있다고 보는 편이 옳을 것이다. 다만 피해자에 대한 일정한 정보를 알고 있거나 피해자와 관련

한 주변상황이나 정황에 대해서 알고 있음에도 불구하고 범죄행위를 저지르는 경우가 있다는 부분은 참고해야 할 것이다. 하지만 절대다수의 연쇄살인범죄자들이 피해자와 전혀 알지 못하는 관계이기 때문에 형사학에서 이를 하나의 특징으로서 구분하고 있는 것이다.

## (4) 연쇄살인범에 대한 미 연방수사국의 분석내용

연쇄살인범죄에 관련하여 가장 포괄적이면서도 접근성이 높은 연구를 수행한 기관은 다름 아닌 미 연방수사국이다. 미 연방수사국 내에 행동과학연구부가 있는데 이 부서를 통해서 미국 내 연쇄살인범에 대한 광범위한 공적 연구 분석이 진행되었다. 가장 큰 특징으로 제시된 내용은 대부분의 연쇄살인범들이 그 어머니 또는 아버지에 의해 심각한 학대를 받은 경험이 있다는 것이었다.

다음으로 미 연방수사국 자체적으로 연쇄살인범죄와 연쇄살인범에 대한 개념규정을 내리고자 하였는데, 기본적으로 '정신병질이 존재하는 가운데에서 자극적 반응 또는 내적 반응에 의해 타인을 연쇄적으로 살해하는 범행을 저지르는 행위 또는 행위자'라고 정의하였다. 한 가지 중요한 부분이 있다면 연쇄살인범을 바라보는 입장에서 정신병자라고 정리하지는 않았으며, 정신병질을 가진 자라고 정의하였다는 점이다. 이는 정신병으로 인해 연쇄적인 살인범죄를 저지르는 경우가 생각보다 많지 않았으며, 이보다는 심리적 병인이나 정서적인 병인에 의해서 연쇄살인을 저지르는 경우가 많았다고 보는 것이다.

미 연방수사국은 연쇄살인범 중에 상당수가 성적인 학대성향을 가지고 있으며, 동시에 사회적 성격장애로 인해서 내적으로 많은 고통을 받고 있는 것으로 나타났다고 하였다. 그리고 자신이 가지고 있는 악마적 범죄성에 대해서 명확하게 인식하고 있을 뿐만 아니라, 이로 인해서 큰 사건을 저지를 수 있다고 생각하고 있다고 보았다. 이 결과는 연쇄살인을 저지른 후 경찰에 잡혀 구속 상태 또는 형을 살고 있는 상태에서 조사된 내용이기 때문에 모든 부분에서 정확할 수는 없다. 하지만 연쇄살인범들이 스스로 자신의 문제가 무엇인지, 그리고 어떠한 원인에 의해서 연쇄살인범이 되었는지를 명확하게 알려주는 내용이라는 점에서 중요한 학문적 의의를 가진다고 판단된다.

다음으로 미 연방수사국에서 알아낸 부분은 우발적으로 연쇄살인을 저지르는 경우는 극히 찾아보기 어려우며 사전에 충분한 준비성을 가지고 범행대상을 물색한 후 공격 타이밍이 왔을 때 즉각적으로 살인행위를 결행한다는 점이었다. 그리고 계속되는 범죄수행 과정에서 이전의 살인에서 실수한 부분을 보완하기 위해 노력하고 연구한다는 점도 확인하였다.

연쇄살인범에서 나타나는 성격적 특징으로서는 우선적으로 자신에 대한 내적인 자존감이 강하고 카리스마를 가진 성격형이 많다는 것이었으며, 사회적 동향에 대해 민감할 뿐만 아니라 그 흐름을 잘 알고, 외모에 있어서 잘생긴 편에 속하는 경우가 대부분이라는 점이었다. 따라서 여성에게 접근하거나 또는 여성이 해당 연쇄살인범에 대해서 호감을 가지도록 만드는 능력이 있었기 때문에 연쇄강간살인으로 전이되는 경우도 많은 것으로 파악되었다.

연쇄살인범들이 범죄를 계속적으로 저지르면서 보이게 되는 일상생활의 패턴적 행위는 신문기사나 TV뉴스, 인터넷 언론사가 제공하는 기사 등을 꼼꼼하게 읽어본다는 부분이다. 이는 자신이 연쇄살인을 저지른 사건에 대해서 사회가 어떠한 방향으로 이를 바라보는지를 확인할 뿐만 아니라 자신을 잡고자 노력하고 있는 경찰이나 수사기관의 동향에 대해서 간접적으로나마 파악하기 위함이다. 심한 경우에는 아예 이웃에 사는 경찰관과 친구관계를 맺어버림으로써 직접적으로 경찰기관이 진행하고 있는 수사의 방향이나 내용에 대해서 정확하게 알아내기도 하였다. 이러한 측면만 놓고 보더라도 연쇄살인범들은 상당히 지능이 높을 뿐만 아니라 성격적으로 교묘함과 섬세함을 가지고 있다. 이는 잔혹한 범죄를 저지르는 일반 강력범죄자의 면모와는 분명히 다른 부분인데, 연쇄살인이 단 한 건의 살인사건만을 저지르는 것은 아니기 때문에 일반적인 단순살인범들과는 전혀 다른 반대의 성격을 가지고 있는 것으로 미 연방수사국은 보았다.

성생활에 있어서는 왕성한 성적인 능력을 갖추고 있으면서 섹스의 상대방 여성을 자주 변경하는 속성을 보여주었다. 하지만 왕성한 성행위를 한다하더라도 섹스과정에서 느끼는 희열은 그다지 크지 않으며, 오히려 살해 대상자를 학대하고 성폭행하고 고통스럽게 죽이는 과정에서 극도의 성적 흥분을 느끼는 경우가 많았다. 또한 상대방을 잔혹하고 고통을 주면서 살해하는 과정에서 발기가 되거나 심지어 자극이 없음에도 불구하고 사정이 되는 경우까지 있었다. 이는 연쇄살인범이 저지르는 살인범죄의 과정 자체가 이들에게 있어서 극도의 성적인 흥분을 가져오는 유희(遊戲)라고 볼 수 있으며, 이 감정적 흥분상태를 또 다시 느끼기 위해서 사람을 죽이는 행위를 중독형태로 선택하게 된다.

이들에 대한 청소년기 상황과 환경에 대한 연구는 역시 일반적인 살인범죄자와는 다른 양상들이 많이 드러났는데, 우선적으로 소년기에 공격적이면서도 반사회적인 행위를 많이 했고, 성적인 비행이나 상대적으로 많은 횟수의 자위행위를 하였으며, 성적 가학증 증상을 이미 청소년기에 가지고 있었고, 절도나 폭력 등의 상대적으로 경미한 범죄행위를 자주 저지르면서도 이에 대해서 후회하지도 않았고 양심의 가책도 느끼지 못했던 것으로 나타났다. 경제적으로도 부모님이 능력이 없거나 결손 또는 빈곤층 가정에서 성장한 경우가 대다수였으며, 홀부모 밑에서 자란 경우가 양친부모에 밑에서 자란 경우보다 월등하게 많은 비율을 차지하였다. 특히 부모에 대해서 느끼는 감정을 미 연방수사국 행동분석관이 물어보았을 때에는 극도의 분노와 원망, 미움을 표현하였다. 불우했던 청소년기의 문제점들이 이들이 사회적 괴물이 되도록 만드는데 결정적인 영향을 미쳤다는 점은 이 내용들만을 보더라도 부정하기 어려운 상황이다. 이상의 내용 이외에도 유년기와 청소년기와 관련하여 연쇄살인범들만의 독특한 성장 과정상의 특이점과 교육 과정상의 특이점들이 많이 나타나고 있다. 이를 정리하면 다음과 같다.

ⓐ 조사대상자의 집안에 범죄자나 정신병자, 알콜중독자가 다른 집안보다 많은 편이었다.

ⓑ 지능은 평균 이상이었으며, 머리는 좋은 편이나 학업성적은 나쁜 편이었다.

ⓒ 여러 차례에 걸쳐서 자살을 시도한 경험이 존재한다.

ⓓ 직업 활동에서 직장에 잘 적응하지 못하며 퇴직이나 이직 이후에 점차 소득수준이 낮거나 불안정한 직장으로 옮겨갔다.

ⓔ 타인을 괴롭히거나 때릴 때 극도의 흥분감을 느꼈다.

ⓕ 음란물을 상습적으로 즐겼으며, 자위행위 역시 일반 남성보다 빈도수가 훨씬 높았다.

ⓖ 유년기나 청소년기에 불장난을 자주 하였다.

ⓗ 개나 고양이, 곤충과 같은 작은 동물들을 잔인하게 죽인 경험이 있었다.

ⓘ 지하철이나 버스 등의 대중교통에서 노인이나 임산부에게 자리를 양보한 적이 전혀 없다.

ⓙ 돈이 중요하다기 보다는 돈은 삶을 위한 수단에 지나지 않는다고 생각하였다.

이상의 내용들은 범죄행동분석관이 387명의 미국 내 연쇄살인범에 대해서 전수적인 면접조사를 시행하여 나온 결과로서 사회적으로 본다면 대부분이 '그럴만한 내용'이다. 하지만 상당성을 가진 내용이라 하더라도 실제로 이러한 성장과정의 경험과 성향을 가지고 있다면 사회적인 시한폭탄으로 돌변할 수 있는 가능성과 여지가 아주 크다는 점에서 세심한 관심과 주의가 필요할 것이다.

## (5) 국내 연쇄살인범죄사건 사례

### ① 지존파 사건

범인 김기환, 강○○, 김현양, 문○○, 백○○, 강○○, 이○○(여) 등 7명은 공장, 공사장을 떠돌아다니다가 도박판에서 우연히 김기환을 만나 선후배로 지내오다 전남 함평군 소재 가외농산에서 대학입시 부정사건 관련 이야기를 하던 중, 격분하여 돈 많은 사람들을 대상으로 범행하기로 공모하였다. 그들은 돈 많은 사람들만을 골라 납치, 강도 및 강간을 하기 위해 조직을 만들고 조직운영비로 10억 원을 모으기로 하였으며, "돈 많은 자들을 저주한다, 조직을 배반한 자는 죽인다."는 강령을 만들고 제일 선배인 김기환의 별명이 영화 『지존무상』에서 본 딴 '지존'이어 조직의 명칭을 '지존파'라고 정하였다. 우선 활동자금 마련하기 위해 대전, 성남의 건축공사장에서 6명이 함께 막노동을 하였으며, 지리산에 들어가 1주일간 합숙을 하면서 범행연습을 하였다.

1993년 7월 18일 23시경, 살인을 실습하기 위하여 충남 논산군 소재 철길에서 귀가 중이던 피해자 최○○ 양을 승용차로 납치하여 주변 야산으로 끌고 가 윤간을 한 뒤 "범죄는 이렇게 하는 것이다."라고 하면서, 목을 졸라 살해, 암매장하여 살인의 실습을 하였다. 그 해 8월경, 지존파 조직원 피해자 송○○이 범행자금 300만원을 인출해 도주하자 조직을 배반했다는 이유로 경기 시흥 친척집에서 잡아 전남 영광군 불암산으로 끌고 가 양손을 철사 줄로 묶고, 돌, 칼, 곡괭이를 사용하여 살해 후 암매장하였다. 1994년 5월 ~ 8월 사이에 전남 영광군 불갑면 소재 두목 김기환 소유의 대지에 범행에 이용할 목적으로 집을 짓고(속칭 아지트), 그 창고 지하실에 사람들을 감금할 철창과 전기버너를 갖춘 사체 소각용 화덕을 설치하는 등 '살인공장'을 만들고 대문과 벽면에는 인터폰을 설치해 놓는 등 준비를 하였다. 1994년 9월 8일 03시경, 경기 양평군 국도에서 피해자 이○○와 여자 친구 이○○가 타고 있는 승용차를 발견, 가스총과 칼로 상해 후 포장용 테이프로 묶어 자신들의 아지트로 끌고 가 지하철장에 감금하고, 피해자 이○○를 번갈아가며 윤간하였다. 다음 날(9월 9일) 21시경, 피해자 이○○이 몸값을 내놓을 능력이 없다는 것을 알고 결박한 채 강제로 술을 먹이고, 머리에 비닐봉지를 씌우고 목을 눌러 질식시켜 살해한 후, 전북 장수군 수분재고개에서 사체를 승용차 운전석에 앉힌 뒤 차량을 18m 아래 낭떠러지로 밀어 교통사고로 위장하였으며, 이 광경을 피해자 이○○에게 보게 한 후 윤간하고 앞으로 자신들의 일에 협조하라고 협박하였다. 그 후 서울의 공원묘지에서 추석을 앞두고 벌초를 하던 경남 울산공단 내 ○○기계공업 대표 소○○, 박○○ 부부를 납치하여 아지트 지하철장에 감금해 놓고, 피해자에게 살려면 1억 원을 내놓으라고 협박하여 피해자가 회사로 전화하도록 하였고 약속장소인 광주광역시 소재 버스종합터미널로 소○○을 끌고 가 부하직원 심○○ 등 2명으로부터 돈을 받은 후 아지트로 끌고 가 철창에 가두었다. 다음 날 06시경, 증거를 없애기 위해서 미리 납치해 같이 있던 피해자 이○○에게 공기총을 줘 소○○씨를 살해하고, 소○○의 처 피해자 박○○를 칼과 도끼로 살해한 후, 피해자 부부의 사체를 토막 내어 술을 마시며 일부 인육을 나눠 먹고 조각 낸 시신을 소각장에서 완전 소각하는 등 모두 5명(남자 3명, 여자 2명)을 연쇄살해 하였다. 9월 15일 아침, 아지트에서 다이너마이트를 만지다가 중화상을 입은 범인 김현양이 병원에 가면서 인질로 잡고 있던 피해자 이○○를 동행하였고, 그가 치료를 받는 사이 피해자 이○○가 현금과 핸드폰을 가지고 탈출하여 경찰에 신고하였다. 신고를 받은 경찰은 강○○ 소유의 핸드폰을 추적, 먼저 전북 장수로 가 이미 납치 살해된 이○○이 실제로 교통사고로 위장 살해된 것을 확인하고, 전남 영광으로 이동하여 아지트 및 그 주변에서 순차적으로 모두 검거하였다. 그 후 이들에게 다이너마이트 등 범행에 사용할 무기 등을 구입해주고 범행대상으로 삼을 유명백화점 주거래 고객의 명단을 빼내 제공한 관련자 7명을 추가검거 하였다. 이들의 아지트 등에서 다이너마이트 21개와 뇌관 14개, 손도끼, 망원렌즈가 부착된 6연발 공기총, 전자봉, 군용대검, 전기충격기, 예리한 칼날이 숨겨져 있는 등산용 지팡이, 무전기와 무선호출기, 포장용 테이프 등 흉기 18종을 비롯해 총 70점의 범행도구와 범인들이 범행대상을 고르기 위해 입수한 서울 ○○백화점 고객명단, 쓰고 남은 현금 3,558만 원을 압수하였다. 범인들은 검거 후 심경을 묻자, 거침없이 '압구정동의 야타족'을 모두 죽이지 못한 것이 한이 된다며 여전히 부유층에 대한 적개심을 보였다. 이들은 다이너마이트를 이용하여 두목 김기환을 검거한 영광경찰서를 습격하여 무기를 탈취할 계획을 세우고 있었고 그 후 방송국을 점령해 자신들을 세상에 알리려 했다고 말하기도 했다. 범인들은 아지트가 완공된 후 마을 주민 15명을 초청해 돼지고기와 막걸리까지 제공한 사실이 확인 되었다. 범인 김현양은 기관총 1정과 소총 6정도 구하려고 했으나 돈이 없어 구하지 못했다고 하였으며 추석이 지난 후에 돈 많은 사람들을 골라 차례로 범행을 하려고 했다고 말한 뒤, 자신의 어머니를 죽이지 못하여 아쉽다고 말하는 등 불안정한 모습을 보이기도 했다. 이 사건을 전후로 사회의 이목을 집중시킨 중요 강력사건들이 잇따라 발생하였으며, 경찰 내부에서는 전국적인 광역공조수사가 제도적으로 철저히 이루어지도록 일대 혁신이 있어야 한다는 목소리가 높았다. 지존파 일당 6명은 살인, 강도, 사체유기죄 등으로 사형이 집행되었다.

### ② 온보현 사건

범인 온보현(남, 37, 택시운전사)은 가정불화로 모가 음독자살 한 뒤, 부를 구타하고 가출하여 공원, 종업원, 버스운전, 노동, 택시운전 등 생활해오던 중 불특정 부녀자 등을 자신의 나이만큼 38명 또는 50명을 무작정 살해할 계획을 갖고, 1994년 8월 16일 01시 30분경, 서울 도봉구 수유동 소재 폐업한 ○○운수 지하 2층에서 서울 0000호 영업용 택시를 절취, 차안에 식도, 노끈, 포장용 테이프, 삽, 낫 등을 싣고 운전사를 가장해 운행하며 범행을 계획했다. 8월 28일 07시 10분경, 서울 강동구 암사동 암사사거리 노상에서, 신원불상 22세가량 여자 1명을 승객으로 태워 납치, 흉기로 위협해 주민등록증과 학생증을 빼앗은 뒤 인천부근 야산으로 끌고 가려다 피해자가 탈출하여 미수에 그치고, 이날 범행에 이용된 택시를 ○○운수 서울 0001호로 변조했다. 9월 1일 01시경, 서울 송파구 잠실동 노래방에서, 영업을 마친 뒤귀가 중이던 피해자 권○○를 택시 내에서 강간하고 현금 100만원과 수표 등 1,200만 원을 빼앗은 뒤, 전북 김제군 속칭 소나무골 야산으로 끌고 가 다시 강간을 한 뒤, 손발을 노끈으로 묶어 미리 파놓은 구덩이(깊이 1m)에 집어넣어 유기하였다. 9월 9일 17시경, 경기 하남시 소재 미사리 조정경기장 부근에서 ○○운수 소속 서울0002호 영업용 택시를 절취, 번호판을 변조하여 택시운전사로 가장 운행하던 중 9월 11일 19시 30분경, 서울 구로구 독산동 노상에서 엄○○을 납치, 강간 후 현금 31만원을 빼앗고, 강원도 횡성군 둔내면 야산으로 끌고 가 결박하여 나무에 묶어 유기하였으며, 9월 12일 21시 30분경, 서울 서초구 포스코 빌딩 앞 노상에서, 강의를 듣고 귀가중인 피해자 허○○을 태워 강원도 횡성군 야산으로 끌고 가 강간 후, 전날 납치해 묶어 둔 엄○○과 함께 살해하려고 했으나 엄○○이 도망가고 없자 허○○을 경기 용인군 마곡산으로 끌고 가 얼굴에 비닐봉지를 씌운 뒤 삽으로 여러 번 때리고 찍어 살해하였다. 9월 13일 20시경, 서울 강동구 천호동 노상에서 노○○를 납치, 경북 김천시 소재 ○○여관으로 끌고 가 강간하고 피해자를 집 부근까지 데려다 주었다. 그는 피해자와 대화를 해보니 마음씨가 착한 것 같아 풀어주었다고 말하였다. 또한 피해자의 주민등록번호까지 알고 있었으나 자신이 자수하면 언론에 공개돼 피해자의 인적 사항이 알려질까봐 범행일지에는 적지 않았다고 진술했다. 9월 14일 21시경, 서울 송파구 가락성당 앞 노상에서, 같은 방법으로 피해자 박○○을 태워 과도로 위협, 차내에서 강간하며 반항한다고 허벅지, 복부, 경부 등 5개소를 찔러 살해하고, 현금 14만 6,000원을 절취하고, 다음날(9.15) 11시경, 사체를 경북 금능군 경부고속도로 지하통로 입구에 유기하였다. 온보현은 위와 같이 1994년 8월 15일~9월 14일까지 모두 6회에 걸쳐 훔친 택시를 이용하여 부녀자를 납치 강도강간하고, 이중 2명을 살해하여 사체를 유기하였다가 9월 27일 19시 30분경, 자신이 공개수배 되었다는 사실을 라디오로 듣고, 8월 28일~9월 15일까지 19일간 저지른 범행일지를 소지한 채 범행에 사용한 택시를 운전하여 이날 21시 20분경, 서울서초경찰서로 자수하였다. 그는 살해한 허○○의 주민등록증에 자신의 사진을 붙인 위조 신분증 등 모두 5개의 가짜 신분증과 피 묻은 식도 2개, 과도 2개, 망치 2개, 시너 2통, 택시 번호판 2개, 스프레이, 스카치테이프, 운동화, 여자용 로션, 비닐봉지 안에 싸인 양말, 범죄일지 등 41종을 증거물로 제출하였고 경찰은 이를 압수하였다. 온보현은 경찰에 자수동기에 대하여 "세상 살기가 힘들어 그냥 죽으려 했으나 여자 37명~50명을 납치해 죽이기로 마음을 바꿨다. 수배된 뒤 자살을 하려다가 내가 저지른 사건을 공개하기 위해 자수했다."고 하였다.

온보현은 전북 김제군에서 태어났으며 부의 외도로 가정불화가 잦은 가정에서 초등학교 5학년을 중퇴하고, 1972년 상경하여 노동일, 차량정비공, 자가용운전, 버스운전사로 일하였으며 사귀던 여자와 헤어지고 모가 음독자살한 이후 빗나가기 시작했다. 그는 수첩 20쪽 분량으로 범행일지를 작성해 놓았다. 일지에는 '9월 1일~4일 서울 송파구 잠실병원에서 권○○을 태워 흉기로 위협, 구리 - 안산 고속도로 입구 부근에서 성(性)폭행, 고향 김제군 금구면 영천마을 산 속으로 데려가 얼굴과 온몸을 묶어놓고 택시로 와 소지품을 살펴본 뒤 다시 가 보니 도망을 갔음. 목걸이 금 팔지 등 1,750만 원의 금품 중 현금 65만 원 과 100만 원 권 수표 2장 등 275만 원을 갖고 나머지는 버림. 현장에 숨어 김제경찰서에서 현장조사를 마치고 택시를 레커차에 싣고 가는 것을 확인한 후 택시를 타고 대전역 앞으로 와 여관에서 1박. 다음날 서울에 도착한 후 3, 4일 놀면서 다른 범행을 생각함. 9월 10일 미사리에서 운전연수 받다가 ○○택시 서울0000호 훔침, 9월 13일 오전 5

시 30분 허○○을 테이프, 끈 이용하여 묶은 후 약 30분간 지켜보니 풀고 도 망칠 것이라 생각하여 삽으로 머리, 다리, 무릎 등을 약 5~7차례 가격한 후 100%로 죽었을 것이라고 생각하였음. 9월 16~22일 사이 지존파 살인사건 으로 온 나라가 떠들썩하다 기다려라…… . 꼭 나의 목적을 달성해 이 부분 세계 제일이 되리라. 살해목표 인원 38명, 현재 2명 살해, 36명 남음, 철저 히 나 자신을 파괴해 살인마로 변신하겠다. 목표인원 초과 될 수 있음. 50 명으로 변경 될 수 있음. 택시의 승객이었던 박○○를 살해하면서 손가락 부상을 입은 뒤 부상으로 행동중단. 답답하다. 앞으로 4~5일은 못하겠지. 하루빨리 목표달성을 이루자. 9월25일 나는 사람인가 짐승인가 괴물인가 왜 살인을 하지? 생각하지 말자. 철저히 살인마로 변신하겠다. 김제경찰서 에서 나를 전국에 수배한다고? 자수하기 전까지는 절대 잡지 못한다.'라고 기록되어 있었다. 그리고 범행일지의 마지막에는 스스로 죽음을 선택하자 는 결심으로 중부고속도로 상으로 무작정 차를 몰고 떠나가다 마음을 바꾸 어 자수를 결심했다고 썼다. 내용은 "고통이 따르겠지만 자수를 하겠다는 마음 변치않기를…… . 저녁 7시 55분 서초경찰서로," 등이 상세히 기록되 어 있었다. 온보현에 대해 현상금 500만원을 걸고 현상수배 전단 1만 장을 인쇄의뢰 했으나 전국에 배포 되기 전에 온보현은 제 발로 들어와 자수를 하였다. 범인 온보현에 대하여 어떤 정신과 의사는 '피구타증후군'이라는 심한 인격장애 현상을 겪고 있는 것으로 보이는데, 범인은 아버지로부터 구 타를 당하고 자라면서 욕구 불만을 갖게 됐고 이 불만이 행동으로 나타났을 가능성이 높다고 했다. 그가 범행일지라는 것을 작성한 시기는 살인을 저지 른 뒤 범행하다가 손을 다쳐 쉬고 있을 때인 9월 23일, 9월 25일 자수를 결심하고 자수를 한 날이 9월 27이라는 점에서 범행의 동기를 꿰어 맞춘 것으로 그가 범행을 즐겼다는 결론을 얻게 되었다. 그가 태어난 고향 땅 선암리 영천마을과 고랭지채소를 실어 날랐던 횡성 둔내 현천리와 자주 왕래를 하였던 용인 구성 보정리 그리고 경북 금릉 등이 무대로 등장한다. 범인 온보현에 있어서 모두 지리감과 연고감이 있는 장소를 범행에 도입했던 것이다. 온보현은 1995년 11월 2일에 사형집행 되었다.

이 사건에서 전북 김제경찰서는 9월 1일 권○○납치 강도강간사건의 용의자 온보현의 인적사항을 확인하고서도 공개수배를 하지 않고, 관련 가능성이 있는 서울 용산경찰서에 수사상황만 확인하는 등 독자적으로 수사를 했다. 또 경북 김천경찰서는 9월 14일 발생한 박○○ 강도강간살인사건의 사체를 발견한 뒤 수사요원 9명이 상경해 ○○모텔에서 상주하면서 독자적인 수사를 폈다. 서울 용산경찰서, 전북 김제경찰서, 강원 횡성경찰서, 경북 김천경찰서 등 4개 경찰서가 따로 따로 독자적인 수사를 전개하여 공조수사의 허점을 드러내고 말았다. 서울 용산경찰서에서는 이미 전북 김제경찰서에서 지명수배된 온보현 관련 수배한 내용을 신속히 점검 확인하지 않고 있다가 9월 22일에야 온보현의 인적사항을 확인했다. 서울용산경찰서는 9월 23일 온보현을 공개수배 하였으며 허○○의 사체는 온보현이 자수를 한 다음날 (9월 28일) 새벽에 발견되었다. 경찰의 공조수사 허점이 드러난 사건이었다. 동 사건을 비롯한 대형사건 수습 후 경찰청은 광역수사단을 발족시켰다.

### ③ 막가파 사건

최정수, 박○○, 정○○, 유○○, 김○○, 박○○, 그리고 미성년자인 최 모 군, 윤 모군, 이 모군 이상의 9명은 1996년 9월 초 경기 성남시 모란 역 부근의 한 레스토랑에 모여 막나가는 인생이라는 의미가 담긴 '막가파' 라는 범죄단체를 조직하고, 훔친 승용차를 함께 타고 다니면서 범행을 저질렀다. 1996년 10월 5일 00시경, 서울 강남구 소재 ○○주점 업주 김○○이 일제 혼다 어코드 승용차를 타고 가는 것을 따라가 승용차로 납치하여 현금 40만 원과 신용카드 4매를 빼앗은 뒤 비밀번호를 알아내 현금 900만 원을 인출한 후, 피해자의 주거지 쪽으로 되돌아가서 승용차를 빼앗고, 이날 12시 10분경, 피해자를 경기 화성군 염전 내 폐 소금창고에 구덩이를 판 뒤 나체 상태로 생매장하는 방법으로 살해하고 1996년 10월 19일 20시경, 경기 성남시 ○○주유소에 침입, 현금을 절취 중 발각되자 주유소 직원 피해자 김○○의 팔 등을 흉기로 찔러 중상을 입히는 등 1996년 9월 2일~10월 19일까지 강도살인, 강도 등 6회에 걸쳐서 범행하였다.

범인 최정수는 3남 1녀 중 차남으로 태어나 4살이 되던 해(1980년) 모(母)가 4남매를 둔 채 가출하여 할머니 밑에서 자랐다. 부(父)가 재혼을 하자 아예 인연을 끊고 가출하였으며 20세가 되기 전에 이미 구치소를 8차례나 드나들었던 경력이 있었다. 박○○과 정○○은 4년 전 각각 부모를 잃어 고아 아닌 고아로 지내왔다. 최정수는 중학교를 졸업했으나 박○○과 정○○은 중학교 3학년을 중퇴하고 가출하여 서울, 성남, 충주에 있는 카센터와 식당 등에서 종업원 생활을 해왔고, 유○○과 김○○는 부모는 있었으나 중학교와 고등학교를 중퇴한 뒤 학교주변에서 불량배들과 어울려 생활을 해왔다. 이들은 범행 후 빼앗은 승용차에 여자 친구들을 태우고 각지를 놀러 다니기도 하고, 정○○은 검거 당시에 충주 집에서 10대의 이○○과 동거생활을 하고 있었다. 이들은 모두 사회에 대한 비뚤어진 증오심을 갖고 있었다. 이들은 "서울 강남 일대의 부유층이 증오스러웠다." "외제차나 타고 다니며 편하게 사는 사람들을 다 죽여 버리고 싶다."는 말을 서슴없이 했다. 이들은 범죄 단체를 조직하면서도 ①조양은 같은 최고의 깡패가 되자. ②배신자는 죽는다. ③화끈하게 멋있게 살다 죽는다. ④잡히면 그 자리에서 죽기로 맹세한다는 등 행동지침도 마련했었다. 막가파 두목 격인 최정수는 검거된 직후 경찰에서 범행의 동기를 "돈이 많은 사람은 모두 죽이고 싶었으며, 영화 『보스』를 보고 감동을 받아 폭력조직을 만들기로 결심했다."고 하며 "어차피 막가는 인생인데 화끈하게 살다 죽고 싶었다."고 말하기도 했다. 최정수는 강도살인죄를 적용 사형, 부두목 박○○, 정○○ 등 2명은 무기징역이 선고되었다. (김○○ 등 나머지 조직원 6명은 1심에서 징역 7년~ 1년6월에 집행유예 3년을 선고받았다.) 한편 이날 공판이 끝나고 재판장이 법정을 나가려는 순간 피고인 박○○과 정○○ 등 2명이 재판부를 향해 "야. 이 XX야, 네가 판사냐."며 욕을 퍼부으며 "판사면 다냐? 당신이 평생 살 줄 아느냐, 내가 나가면 죽여 버리겠다."며 재판부를 협박하며 난동을 부렸다. 언론은 '법정서도 막간 막가파', '막가파 법정난동'으로 보도했다.

### ④ 정두영사건

정두영은 부산에서 초등학교 6학년을 중퇴 후 교도소 수감 중 초, 중, 고 검정고시에 합격한 경력이 있고, 부(父)는 피의자 출생 6개월 전 사망하였다. 한동안 노숙인 생활을 하였던 그는 1999년 6월 2일 06시 15분경, 부산광역시 서구 부산 고검장 관사에 침입, 현금 20만원을 훔쳐 나오다가 가정부 이○○와 마주치자 세면장으로 끌고 들어가 머리채를 잡아 세면장 바닥에 짓찧고 망치로 살해한 뒤 피 묻은 신발과 옷을 벗어 태워 증거를 없애고, 9월 15일 16시 30분경, 부산광역시 서구 소재 ○○빌라 603호에 침입, 장롱 등을 뒤져 귀금속 현금 등 900만 원 상당을 훔치고, 베란다를 통해 602호 피해자 이○○의 집에 침입하였다가 가정부 조○○에게 발각되자 피해자를 방안으로 끌고 들어가 둔기 등으로 구타 살해한 뒤 장롱을 뒤져 현금, 귀금속 770만원 상당을 절취하였다. 10월 21일 11시 55분경, 울산광역시 남구 박○○집에 침입, 박○○의 처 김○○과 아들 박○○을 둔기로 살해하고, 현금, 귀금속, 채권 등 1,290만원 상당을 강취하고, 2000년 3월 11일 10시 30분경, 부산광역시 서구 김○○ 집에 침입, 김○○을 망치와 야구방망이로 때려 살해하고 현금, 수표, 귀금속 등 6,370만 원 상당을 강취하고, 4월 8일 16시경, 부산 동래구 ○○철강 정○○ 회장의 집에 침입, 정 회장과 그의 처 손○○, 가정부 황○○ 등 3명을 둔기로 구타살해하고, 김○○에게는 중상을 입힌 뒤, 현금, 로렉스 손목시계와 귀금속, 벤츠승용차 1대 등 1억 6,080만 원 상당을 강취하고, 4월 21일 14시경, 고급주택이 밀집해 있는 충남 천안시 소재 중소기업인 김○○의 집에 침입, 때마침 외출에서 귀가한 이○○와 마주치자 식칼로 위협하고 집안을 뒤져 현금 300만 원을 강취하고 내실의 금고를 열기 위하여 남편에게 전화를 하도록 하였다가 강도임을 눈치 챈 피해자 남편의 신고로 검거되었다. 그 무렵 부산에서 발생한 강도 살인사건의 '용의자 몽타주'가 작성돼 전국경찰에 배포되고, TV 프로그램

『공개수배 사건25시』에 용의자의 몽타주가 방영되면서 전국적으로 공조수사가 활발히 진행되고 있을 때였다. 수사관들은 즉시 정두영이 부산지방경찰청 관내에서 발생한 부유층 주택 강도살인사건과 동일범일 수도 있다고 판단, 신속하게 부산지방경찰청과 공조수사를 했다.

정두영은 부산에서 시계수리업을 하던 아버지가 암으로 사망한 후 3남1녀 중 막내로 유복자로 태어나 어머니마저 재가해 나간 뒤 삼촌 집에서 생활을 하다가 5세 때 형제들과 함께 고아원에 넘겨지고 7세 때 어머니가 고아원에 와서 재가한 집으로 데리고 갔으나 몇 달 후 다시 고아원에 맡겨졌다. 정두영은 초등학교도 졸업하지 못하고 고아원을 뛰쳐나온 뒤 15세부터 곧바로 범죄에 뛰어들었다. 1986년 5월 부산시 소재 S고등학교에서 교사를 흉기로 찌르고 달아나고, 같은 해 6월 부산시 수영구 망미동에서 자율방범대원 김○○를 흉기로 찔러 살해하여 첫 살인범행을 저지르고 체포 구속되어 12년만에 출소하였다. 정두영의 큰형인 정○○도 정두영이 절취해 온 물건을 처분해 주는 장물아비 노릇을 하다가 구속되는 등 형제 모두가 사회에 적응을 못했다. 정두영은 범행동기에 대하여 "마음껏 돈을 쓰면서 남들처럼 살고 싶었다."고 하였으며, 정두영은 삶에 강한 집착을 보여 2000년 2월경부터 큰형과 동거중인 여인의 동생인 박○○와 동거생활까지 하고 있었으며, 범행으로 마련한 돈 중 7,300만원을 동거녀의 통장에 입금시켜주고 동거녀는 그 돈 중 1,000만원으로 해운대구에 아파트를 전세계약하기도 하였다. 정두영은 복역 중에 검정고시로 고등학교 졸업자격을 따기도 하고, 동거녀의 부모로부터는 "술 담배도 할 줄 모르는 착하고 건실한 사윗감"으로 인정을 받는 등 극단적인 이중성을 보였으며, 체포된 후 심정에 대해서는 "내 속에 악마가 살고 있는 것 같다."는 말을 하기도 했다.

정두영은 1975년도 17명을 살해하여 사형을 당한 김대두 이후 최대의 살인마로 기록되고 있다. 그의 범행수법 중 특이한 점은 흉기를 미리 준비하지 않고 범행 전 목장갑 1켤레만 준비했다. 복면을 하지 않았고 부녀자나 노약자만 있을 만한 시간인 가장들이 출근한 다음인 오전 9시 ~ 오후 5시 사이에 침입을 했다. 정두영은 당시 나이 만 31세로, 12년 6개월을 교도소에서 수형 생활을 하여 15세 이후 교도소 밖 생활은 불과 3년 11개월 정도였다. 그리고 2000년 3월 11일 부산시 서구 대신동 소재 박○○의 집에 침입 가정부 김○○, 김○○을 망치와 야구방망이로 때려 살해하고 박 씨의 처 김○○는 살려 준 일이 있는데 정두영이 김 여인 앞에서 범행을 멈춘 것은 생후 17개월 된 아들 때문이었다. 김 여인은 정두영에게 "17개월 된 아들이 있다, 살려 달라."고 했다고 한다. 그때 정두영은 "아기를 잘 키우라."며 범행을 멈추었다고 하며 경찰 조사에서 "왜 김 여인을 죽이지 않았느냐?"는 질문에 "죽이면 아이에게 엄마가 없어지기 때문"이라는 말을 했다. 정두영의 목표액은 10억원이었다. 그 정도의 돈이면 자기가 하고 싶어 하는 오락실이나 실내 야구장을 운영할 수 있을 것이라는 계획이 있었기 때문이라고 한다. 정두영은 범행 후 경찰관의 검문을 피하기 위해서 철저하게 대중교통 수단을 이용했다고 진술하기도 하였다.

### ⑤ 유영철 사건

범인 유영철은 일정한 직업이 없는 자로서, 2003년 9월 24일 11시경, 서울 강남구 신사동 피해자 이○○의 2층 단독주택에 침입하여 피해자 이○○

의 목을 찔러 쓰러뜨린 후 해머망치로 머리를 수회 내리치고, 옆에 있던 피해자의 처 이○○이 장롱 속에 있는 돈을 꺼내주려 하자 "내가 돈 때문에 그런 것 같으냐."라며 해머로 피해자 이○○의 머리를 수회 내리쳐 두부손상으로 살해하였다. 10월 9일 11시경, 서울 종로구 구기동 단독주택에 침입, 피해자 강○○는 1층 세면장에서, 처 이○○는 거실에서, 아들 고○○(자폐증환자)는 2층으로 올라가는 계단에서 각각 해머망치로 내리쳐 두부손상으로 살해하였고 10월 16일 12시 40분경, 서울 강남구 삼성동 단독주택에 침입, 1층 안방 화장실에서 피해자 유○○를 해머망치로 내리쳐 두부손상으로 사망케 하여 살해하였다. 11월 18일 12시 30분경, 서울 종로구 혜화동 단독주택에 침입, 1층 작은방에서 배○○와 김○○를 해머망치로 내리쳐 두부손상으로 살해한 뒤 강도범의 소행으로 위장하기 위해 2층 안방에 신문지와 옷가지에, 2층 금고 방에 신문지를 뿌려놓고 주방에 있던 라이터로 불을 붙여 방화하는 등 (집주인 김 씨의 생후 70일 된 손자는 이불로 싸여진 상태로 발견되어 무사하였다.) 2003년 9월 24일~11월 18일사이 서울시내 강남지역과 강북지역을 오가며 부유층 주택 4개소에 침입, 8명(남 3명, 여 5명)을 살해하였다. 4월 13일 20시경, 서울 동대문구 황학동에서 노점을 차려 놓고 음란 CD물과 비아그라 등을 판매하던 피해자 안○○을 상대로 서울지방경찰청의 위조 경찰관 신분증을 보여주면서 "음비법위반, 약사법위반으로 적발하겠다."며 수갑을 채운 뒤 피해자의 승합차 조수석에 피해자를 태우고 자신이 승합차를 운전하여 당시 자신이 거주하던 서울 마포구 신수동 오피스텔 주차장으로 끌고 가서 해머와 칼로 살해하였다. 다음날 증거를 인멸하기 위해 동 차량에 사체를 싣고 인천광역시 중구 ○○석유 주차장으로 가서 연쇄

폭발을 유발하기 위해 두 대씩 주차되어 있는 유조차량 사이에 승합차를 주차시켜 놓고 칼로 피해자의 양 손목을 절단하여 비닐봉지에 담고, 승합차에 라이터로 불을 질러 사체와 차량을 소훼하고, 피해자의 절단된 양 손목이 든 비닐봉지를 월미도 횟집상가 앞 방파제 바위틈에 유기했다.

2004년 3월 15일 22시경, 서울 서대문구 소재 상호불상 전화방에서 피해자 권○○과 통화하여 서대문구 소재 ○○쇼핑 앞에서 만나 자신의 오피스텔로 데리고 가 성관계 후 화장실로 끌고 가 양손으로 목을 졸라 살해 후 칼과 쇠톱, 가위 등으로 피해자의 목을 자르고 사체의 형태를 알아볼 수 없도록 잘게 토막을 내고 해머망치(무게 약4kg)로 피해자의 머리를 잘게 부수어 검정 비닐봉지 10개 정도에 나누어 담아 서울 마포구 대흥동 ○○대학교 뒷산에 구덩이를 파 암매장하는 등 2004년 3월 15일~7월 13일 사이 부녀 출장마사지사 등 직업여성 10명과 예비신부 1명 등 11명을 살해, 사체훼손, 암매장(유기)하였다. 7월 15일 05시경, 서울 마포구 노고산동 노상에서 출장마사지사를 유인하려고 시도 중인 것을 서울지방경찰청에서 첩보입수 현장에서 절도 등 혐의로 검거하여 서울 마포구 서울지방경찰청 기동수사대 사무실로 인치된 후, 절도, 감금, 부녀자 살인, 부유층 주택 살인사건 혐의 등에 관하여 신문을 받으면서 자백과 부인을 반복하다가 간질증세가 있는 양 연극을 펼쳐 경찰관이 수갑을 풀어 주자 도주하였다가 같은 날 11시 40분경 서울 영등포구 영등포동 노상에서 재 검거 후 여죄추궁 사체 발굴 등 구증하였다.

경찰은 혜화동과 신사동 살인사건 관련 동일 수법의 전과자 등 170여 만 명을 용의선상에 올려놓고 수사를 벌였지만 범인이 자백을 할 때까지 흔적을 찾지 못했다. 최초 50일여 일간 발생한 4건 중 1건만 신속히 검거하였어도 출장마사지사 등 여성 11명의 희생은 막을 수 있었다. 특히 초동수사의 미흡한 단면을 드러냈는데 혜화동 사건 후 유영철이 불을 지르고 불타는 장면을 보려고 인근 건물 옥상에 올라가려다가 1층에서 목격자(여자)와 만나 대화를 한 사실이 있음에도 탐문 시 확인하지 못하였다. 서울 서대문서의 경우는 유영철을 절도범으로 검거 시, 수배전단지와 대조 및 주거지를 수색하지 않았다. 유영철은 연쇄살인범의 유형 중 권력형, 사명감형, 쾌락형이 혼합된 연쇄살인범이었다.

### ⑥ 강호순 사건

2008년 12월 19일 14시 06분경, 경기 군포시 버스 정류장에서 피해자 안○○를 에쿠스 승용차에 태워 성폭행 하려다가 반항한다고 스타킹으로 목 졸라 살해한 뒤 피해자의 사체를 완전 나체로 하여 신체 일부를 불태워 암매장하는 등, 2006년 12월 13일~2008년 12월 19일 사이 경기 서남부 지역에 부녀자 7명을 납치 성폭행 살해하여 사체를 암매장한 강호순이 검거되었다.

경찰은 은행 CCTV에 찍힌 범인을 유력한 용의자로 보고 집중적인 수사를 하였으나 관할 구역이 서로 달라 정보가 집약되지 못하여 수사 18일 후 뒤늦게 공개수사로 전환하여 실종된 지역의 도로 CCTV 7,000개를 검색하였고, 범행에 이용된 에쿠스 차량을 확인하여 범인을 특정하였다. 당시 강호순이 범행에 이용한 에쿠스 승용차는 어머니 명의로 등록되어 수사에 혼선을 초래하기도 하였다. 수사망이 좁혀오자 강호순은 승용차를 불태워 증거인멸을 꾀하기도 하였다. 검거된 강호순의 옷에서 최초 피해자 안○○의 DNA를 증거로 추궁하자 범행 일체를 자백하였다. 강호순의 범행수법은 신속하고 체계적이며 범행흔적을 인멸하는 치밀함을 보였다. 그의 범행수법은 일반적인 범인들의 패턴과 판이하게 달랐다. 심리학자들의 PCL-R 검사결과 연쇄살인범인 유영철과 마찬가지로 양심을 느낄 수 없는 인간, 타인의 감정을 느낄 수 없는 인간인 '사이코패스'로 판명되었다. 다만, 강호순은 유영철과는 달리 오직 자신의 개인적인 욕구 달성을 위하여 범행하였는데 이런 범죄 유형은 사실 '쾌락형 범죄자'로 분류된다. 한국에서는 자주 발생하지 않는 범죄의 한 유형이다. 강호순은 친절한 얼굴과 행동을 하며 피해자들에게 다가가 폭력과 잔인함으로 욕구를 표출하며 쾌락을 즐기는 정신병을 앓고 있는 사이코패스로 추정된다. 강호순은 피해자의 손톱에서 채취될 수 있는 증거를 인멸하기 위하여 피해자의 손가락을 모두 자르는 등의 잔인한 범행을 하였다. 강호순은 유영철과는 달리 어린 시절을 비교적 유복하게 보냈으나 아버지가 주사가 심하여 어린 강호순을 자주 폭행하였다고 한다. 강호순은 어려서 이웃 주민들에게 인사를 잘 하고 잘 웃었다고 한다. 다른 특이한 점은 거짓말을 잘 하고 도벽이 있었다고 하며 그의 고등학교 동창생들은 그가 여자 앞에서는 말 한마디 못하는 아주 내성적인 성격이었다고 한다. 통상적으로 외향적 성격의 연쇄범죄자가 많은 것과는 다르게 강호순의 경우에는 전형적인 내향적 사이코패스로서 실제 성격과 보이는 성격이 완전히 판이하게 다른 경우라 할 수 있다.

## (6) 연쇄살인범죄 수사

### ① 연쇄살인사건 연구

한국의 연쇄살인범에 대한 경찰의 실무적인 연구는 1980년대 서울경찰청형사과 강력계 사건분석반장이 업무적으로 취급한 사건과 타지방청 사건사례를 수집, 살인사건을 '성질에 따라', '피해자에 따라', '피의자에 따라', '범죄공용물에 따라', 사체 처리 방식에 따라, '장소에 따라', '기타' 등으로 구분하여 수사실무 유형으로 분류하여 수사 및 연구 자료로 관리하였는데 그 중 살인의 특수한 형태로 연쇄살인을 실무 유형으로 지정, 사건의 특성과 수사착안사항 등을 발굴 연구하여 수사 자료화 한 것이 시발점이 되었다고 볼 수 있다. 1980년대 경기 화성지역 부녀자연쇄살인사건의 수사와 관련 경찰청 수사국(수사지도관실)에서 미국 연방수사국의 연쇄살인 분석 연구 자료를 도입, 수사에 활용한 일이 있으나 이후 지속적인 연구가 활발하지 못하였고 수사실무에도 널리 보급하지는 못했다.

### ② 연쇄살인사건의 수사과정

현재까지는 연쇄살인범죄의 수사는 일반적인 경찰의 살인범죄 수사원칙을 따르고 있다. 살인은 형법상 고의로 타인의 생명을 빼앗는 범죄를 의미하는데, 다음과 같은 특징이 있다. 첫째 인간의 존엄성과 가치를 침해하는 전형적인 범죄라는 점, 둘째 피해자의 가족, 현장 부근의 주민들에게 직접적으로 정신적, 정서적인 충격을 준다는 점, 셋째 범죄현장에서 단서는 얻는 것이 일반적이라는 점, 그리고 마지막 넷째 대부분이 동기와 목적이 있다는 것이다. 특히 연쇄살인범죄의 경우에는 이웃주민이나 지역사회뿐만 아니라 국가적으로 사회적으로 큰 정신적 고통과 충격, 그리고 사회적 불안감을 조장한다는 점에서 신속하게 수사하여 범인을 검거해야 한다. 하지만 대부분의 경우에 범인을 잡은 후에서야 그 심각성이 드러난다는 점에서 이에 대한 전문성의 강화가 필요하다.

ⓐ 초동조치 : 우선적으로 연쇄살인사건에서 제일 중요한 부분은 초동조치일 것이다. 살인사건 현장에서의 초동조치는 크게 세 가지 방향에서 진행된다. 첫째, 지구대 또는 파출소에서의 초동조치가 있는데 살인사건 발생에 대해서 즉시 본서에 보고를 하고 현장으로 출동하여 피해자를 구호하고 현장을 보존하며 주변에서 목격자 등을 확보하고 범인이 현장에 있다면 검거활동을 실시한다. 범인이 부재한 경우에는 예상 도주로를 신속히 파악하여 수사관을 긴급배치 할 수 있도록 한다. 사건발생 시 우선 유선으로 경찰서 상황계통에 보고하고 차후 서면 보고를 하는 것을 원칙으로 하고 있다.

둘째, 경찰서의 초동조치가 있는데 지방경찰청 담당부서에 바로 보고를 하고 주무과장(수사, 형사과장)이 현장으로 즉시 임장하여 수사지휘를 실시한다. 범인이 도주한 경우에는 긴급배치 여부를 신속히 판단하여 관내는 물론 인접경찰서까지 공조수사를 진행한다. 사건의 경중에 따라 해당 직원들 동원하거나 필요시 전 경찰관을 동원할 수 있다. 아울러 담당부서를 현장출동반과 재서반(긴급현장 상황반) 등으로 역할분담을 하여 상황 유지를 하며 수사를 진행하여야 한다.

셋째, 현장도착시 초동조치가 있는데 피해자를 우선적으로 구호하고 수사 자료를 즉시 수집해야 하며, 현장보존과 용의자 또는 범인에 대한 체포 활동에 신속히 들어가야 한다. 이때 가장 중요한 것은 현장을 원형 그대로 보존하고 각종 수사자료를 최대한 정확하게 수집하는 것이다. 기타 현장 통제의 필요성이 있을 시에는 현장에 있는 모든 사람을 통제하여야 한다. 누구든지 현장을 변경하거나 현장에 있는 물적증거를 훼손하지 못하게 하여야 한다. 현장에서의 안전수칙을 준수하여야 하며 현장 내 접근 금지 구역을 설정하여야 한다. 현장에 반드시 경찰관을 배치하여 현장통제의 필요성 없어질 때까지 통제하여야 한다. 또한 현장에서는 사건 수사담당이 아닌 경찰관, 정치인, 방송/언론, 기타 수사 혹은 안전활동을 행하는 필수요원 이외의 모든 사람을 퇴거시켜야 한다.

초동조치에 있어서 가장 중요한 것은 현장의 보존이므로 원상태로의 보존을 원칙으로 하여야 한다. 다만 부상자의 구호 등 부득이한 사유가 발생하면 사진이나 도면, 기타 적정한 방법으로 그 원상을 기록해서 보존하도록 노력한다.

ⓑ 현장관찰 : 다음으로 연쇄살인사건 현장에 있어서의 현장관찰이 필요하다. 사전준비적 과정으로서 요원의 지정과 각 수사요원의 임무분담, 필요한 기자재 및 과학수사 장비의 수집 및 정비를 해야만 한다. 살인사건 현장에서의 현장관찰은 총 7가지의 요소로 나뉜다.

첫째, 범인의 출입관계에 대한 현장관찰이 있는데 침입개소, 침입방법 및 도주로와 도주방법 등을 확인하는 작업이다. 둘째, 사체에 대한 현장관찰이 있는데 사체의 위치와 자세, 창상의 부위, 창상의 숫자, 창상의 상황, 사후 경과시간의 추정, 살해방법, 착의 상황, 혈흔의 상황, 살해 당시의 자세,

사체로부터 지문채취, 흉기의 추정 등이 필요하다. 여기에서 중요한 부분은 연고감이나 지리감 등은 배제해야 한다는 점이다. 셋째, 살인동기와 관련한 현장관찰이 있는데 재물이나 이권, 원한과 치정 등에 관한 내용을 파악한다. 이는 파악의 수준에 그쳐야만 하며 살인사건의 현장관찰로만 범행동기를 판단하는 것은 불가능하다. 넷째, 감 유무판단이 있는데 이는 지리감이나 연고감과 관련한 확인과정이다. 다섯째, 현장관찰시 공범의 유무에 대한 판단을 하게 되어 있는데 범행현장의 족적과 흉기의 종류, 숫자 파악 등을 통해서 가능하다. 여섯째, 유류품의 발견과 채취가 있는데 유류품의 종류, 유류상황의 확인, 유류품에서의 지문채취 등이 이에 해당한다. 일곱째, 기타 현장관찰에서의 유의사항이 있는데 피해자 신원확인 자료인 지문과 혈액형의 유무, 저항흔적의 유무, 신체 및 의복의 부착물과 부착상황, 피해자의 휴대품 확인 등이 해당한다.

현장관찰을 할 때의 일반적인 유의사항은 모두 여덟 가지 인데 그 내용을 설명하면, 첫째 현장은 증거의 보고라는 신념을 가져야 한다. 현장에 반드시 사건 해결의 열쇠가 있다는 신념을 가지라는 뜻이다. 둘째, 냉정하고 침착하게 관찰하여야 한다. 현장관찰은 그 실패가 수사 전체에 아주 중대한 영향을 미친다는 사실을 인식하고 아주 침착하고 냉정하게 관찰하여야 한다. 셋째, 선입견을 배제한 객관적인 관찰을 실시하여야 한다. 선입견이나 예단은 수사에 있어 가장 치명적인 적이다. 넷째, 질서 있는 관찰을 실시한다. 현장에서 무질서하게 관찰을 하면 자칫 중요한 자료를 빠뜨리는 경우가 많다. 다섯째, 광범위한 관찰이다. 현장에서 아주 거리가 먼 곳에서도 범인과 관련한 증거가 발견되는 경우가 많다. 이를테면, 범인이 현장에 접근하기 이전에 장시간 대기하였다면 범행현장이 아니라고 하더라도 각종 증거물을 남겼을 것이기 때문이다. 여섯째, 치밀한 관찰의 반복이다. 현장을 주도면밀하게 구석구석 살피는 것이 절대 필요하다. 일곱째, 관찰수단의 총체적인 활용이다. 관찰은 자연적인 관찰보다 완전한 관찰을 실시하여야 한다. 완전한 관찰이란 확대경, 조명 등을 사용한 방법을 말한다. 마지막으로, 범행 시와 동일한 조건 하에 관찰하는 방법, 모순과 불합리한 점의 발견에 힘쓸 것, 장갑, 발싸개는 반드시 착용할 것, 현장 내부의 전화기를 사용을 금할 것, 현장상황을 기록하거나 사진촬영하기 전에 현장 물건 접촉 금지, 현장에서 금연, 화장실의 사용금지 등이 있다.

현장관찰은 항상 질서 있게 일정한 순서대로 실시하여야 한다. 일반적으로 외부에서 시작하여 중심부로 이동하는 방법을 사용한다. 대체로 전체에서 부분으로, 외부에서 내부로, 좌에서 우로, 위로부터 아래로 관찰을 실시한다.

ⓒ 기초수사 : 살인사건에 대한 기초수사에서는 세 가지의 방향에서 이를 진행하도록 되어 있다. 첫째, 피해자 중심 수사가 있는데 피해자의 신원 확인을 위해 십지 지문을 채취하고, 신속한 사체감식을 통하여 사인을 밝히고, 피해자가 누구에게 원한을 사거나 치정관계가 있는지, 채권채무 관계는 어떠한지를 기본적으로 살핀다. 특히 피해자의 신원이 명백히 밝혀지지 않았을 때에는 가출인 및 실종자에 대한 수사를 병행해야만 한다. 둘째, 피해품 수사가 있는데 피해품이 있다면 신속히 파악하여 즉시 장물수배를 하는 등 역추적을 통한 범인 검거 활동을 실시한다. 셋째, 현장중심수사가 있는데 범죄현장을 훼손하지 않도록 유의하며 현장을 수색하여 족적, 지문 등

범인이 유류하고 간 증거물을 찾는데 주력하고, 특히 현장주변의 목격자 확보에 최선을 다하여야 한다. 현장에서 확보된 목격자 등의 진술은 차후 언제든지 그 진술을 바꾸거나 번복할 가능성이 상존하므로 가능하면 녹음 및 제3자가 지켜보는 가운데 작성하는 것이 좋다. 추후 동일수법 전과자 등 우범자에 대한 파악 등을 통해서 보강적 수사를 진행한다.

ⓓ 수사방침 결정 : 연쇄살인사건에 대한 수사방침에 있어서 첫째, 현장관찰 및 수집된 현장자료를 토대로 하여 수사회의를 개최하며, 수사방침을 결정한다. 둘째, 수사회의 개최 시에 가급적 수사에 종사하는 전체 인원을 참석하도록 하여 분야별로 수사결과를 보고하도록 해야 하며, 토론을 통해 최종적인 방향과 내용을 결정한다. 이때, 최초 현장을 임장한 경찰관을 반드시 참여시키고 그의 의견을 청취하여야 하며, 사건에 대한 의견 발표순서는 경험이 적은 수사관부터 순차적으로 듣는 것이 좋다. 셋째, 수사방침의 결정 시에는 사건의 종류에 따라서 공개 또는 비공개로 수사를 할지를 결정하며, 공개 시에는 공개방법 등에 대한 검토를 진행한다.

ⓔ 수사 활동 : 살인사건 수사 활동은 다른 범죄와는 다른 수사과정상의 특징을 가진다. 참고인 및 목격자를 상대로 한 탐문수사가 많이 진행되어야 함은 물론 현장을 중심으로 수사가 진행되어야만 한다. 범인의 인상착의와 특징에 대한 수사를 해야 하고, 친족이나 고용인 등 피해자와 원한관계에 있는자를 찾아내는 감별수사도 필요하다. 현장에 있던 칼의 제조사와 판매처 등을 확인하는 유류품 수사와 함께 감식수사와 용의자에 대한 내사, 추적수사 등을 해야만 한다.

ⓕ 피의자 조사 : 살인범죄를 저질렀다고 판단되는 피의자에 대해서는 6

하원칙 또는 8하원칙에 의거하여 살인동기, 살인경위, 범행일시, 장소 등에 대한 면밀한 조사가 진행되어야만 한다. 조사결과에 따라서 반드시 현장검증을 진행해야만 한다. 다만, 살인사건의 피의자는 언제든지 특별한 이유, 동기에 의하여 사건 전말에 대하여 허위의 진술을 하거나 수사관을 속이려는 태도를 취한다는 사실을 예상하고 오로지 증거에 부합하는 진술에 치중하여야 한다. 피의자가 자백을 하였을 때에도 그 자백의 임의성, 신용성을 확보하기 위한 노력을 하여야 한다. 자백의 신용성을 판단하기 위하여 자백의 내용이 다른 증거에 의해 인정할 수 있는 객관적인 사실과 모순되지 않는지, 자백의 내용이 경험칙 상 불합리하거나 부자연스럽지 않은지, 범인밖에 알지 못하는 비밀의 폭로가 포함되어 있는지, 진범이라면 당연히 알아야할 증거상 명백한 사실에 대한 설명이 결여되어 있는지, 범인이 아니라면 말할 수 없는 현장감을 동반한 체험진술이 포함되어 있는지, 자백의 변화가 현저한지, 변화의 이유에 대해 합리적인 설명이 있는지, 자백에 이른 경위, 시간 등이 어떠한지에 대하여 반드시 살펴보아야 한다.

ⓖ 방증자료 수집결과 재검토 : 살인사건의 현장검증을 통하여 피해자의 진술내용이 가지고 있는 모순점 등을 파악하는 등의 수집자료에 대한 재검토 과정이 진행되며, 현장부재증명을 제시할 경우에 그 진위를 조사해야만 한다. 아울러 범행의 일시와 장소 등을 단정하게 된 근거가 되는 자료들을 다시 검토하는 과정도 필요하다. 다만 주의할 점은 재검토 과정을 수행하는 경찰관의 문제이다. 증거물을 직접 관리하는 요원이나 담당 수사관이 재검토를 실시함을 원칙으로 하고 기타 사건에 참여하는 수사관이라고 하여도 직접 사건의 책임자가 아닌 수사관은 증거물 등에 손을 대서는 절대 안 된

다. 재검토를 시작하기 이전에 반드시 정리된 현장 사진 등을 참고하여 원형대로 보존되어 있는지를 확인하고, 그때부터 재검토를 실시하도록 한다.

ⓗ 참고인 조사 : 참고인 조사에서는 목격자에 대한 재조사가 필요하며, 관련사항에 대해서 참고인에게 묻는 방식으로 수사보충자료를 수집해야 한다. 그리고 처벌희망여부 등의 확인을 위해서 피해자 유족에 대한 조사도 병행된다. 피해자 유족을 상대로는 절대로 사건의 현장에서 질문하여서는 아니 된다. 피해자 유족들은 현장을 보면서 충격을 받은 상태이기 때문에 수사관의 질문에 명확히 대답을 할 수 있는 입장이 아니다. 살인사건의 경우 피해자 유족이 처벌을 원하지 않는 의사가 있기도 하다는 점에서 무조건적으로 살인사건은 처벌을 유족이 원한다는 식의 선입견이 있어서는 안 된다. 참고인 조사는 반드시 정해진 장소에서 부드러운 분위기를 조성하고 임의로 현장에서 본 사실 그대로를 진술하도록 하여야 한다. 다른 사람들이 참여하여 보거나 듣거나 하면 목격자 등 참고인은 진술에 제약을 받을 수 있다. 또한 참고인 조사를 할 때는 사건과 참고인이 어떤 관련이 있는지, 이해관계가 혼재하는지를 먼저 확인하고 진술을 듣는 것이 좋다. 설혹 이해관계가 있는 참고인의 진술이라고 하여도 일단 진술조서로 작성하여 보관하여야 한다. 차후 이해관계로 인한 진술의 번복이 있을 경우를 대비하기 위한 방법이다. 참고인도 본인이 동의하면 진술녹화를 하여 진술내용을 보존할 수 있다.

## (7) 세부적 수사과정

### ① 검거단서의 수집

강력사건 가운데 가장 중요한 사건이 살인사건이라는 점에서 범인의 검거는 우선적인 목표이다. 물론 다른 범죄사건도 마찬가지이지만 특히 연쇄살인범의 경우에는 개별적인 살인사건의 내용을 놓고서 이를 연계하여 바라봐야 한다는 점에서 보다 세밀한 관찰과 예리한 수사관의 분석능력을 필요로 한다. 살인사건에 있어서의 검거단서 수집은 크게 4가지 방향에서 진행되는 것이 일반적인 원칙이다. 첫째, 직접적인 물적 단서의 수집이 있는데 현장의 유류품과 지문, 족적, 혈흔, 공구흔, 장물 등이 해당한다. 둘째, 간접적인 물적 단서의 수집이 있는데 법의학적인 감정 등 과학기술을 동원한 방법을 통해 얻은 판단결과가 해당한다. 최근 들어 거짓말탐지기에 대한 관심이 높은데 이러한 장비들이 간접적인 물적 단서의 예이다. 셋째, 인적, 무형적 단서가 있는데 수사관의 수사경험을 통한 판단이나 상상, 그리고 이를 토대로 한 직무질문, 전과자 및 불량배에 대한 착안사안 등이 해당한다. 넷째, 수동적 단서가 있는데 피해신고, 밀고 및 자수 등이 해당한다.

### ② 사망일시 및 장소의 확인

다음으로 피해자의 사망일시와 장소의 확정이 필요하다. 피해자의 사망시간 확정에는 일반적인 확정방법과 법의학적인 확정방법이 있다. 일반적인 확정방법은 피해자 자신의 습벽이나 습관 또는 업무관행을 기초로 산출하는 것과 피해자 이외에 일정한 시각, 현장, 통과자의 통과시각을 기초로 산출하는 방법이 있다. 또한 기상에 의한 산출방법과 사체의 시계이용 또는 전기기구나 휴대폰 등의 가동상태를 통해서도 확인이 가능하다. 법의학적인 사망시간 확정을 위해서는 체온의 냉각, 각막의 혼탁, 시체얼룩, 시체굳음(사체경직), 부패정도, 위장 내용물 등의 확인을 통해서도 가능한 부분이다.

사망장소의 확정 역시 살인사건 수사에서 중요한 요소인데 제1 현장은 사망이 발생하게 된 장소를 의미하고, 제2 현장은 살해현장에서 그 시체를 옮겨다가 묻거나 버린 장소를 의미한다. 제2 현장에는 이 이외에 시체가 매몰되거나 산속, 물속 등의 외딴 곳에 유기한 경우, 시체가 소각되거나 화물로 위장하여 철도, 자동차편으로 수송된 경우, 그리고 피해자 자신이 죽기 전에 다른 곳으로 피신, 이동한 경우도 해당한다.


### ③ 사인규명

사망원인에 대한 규명 역시 살인사건의 수사를 위해서는 반드시 필요한 요소이다. 범인이 밝혀지지 않은 살인사건 수사에서 발견된 변사체에 대한 조사, 확인을 통해 수사가 개시되며 사체를 면밀하게 조사함으로써 수사의 착안점이나 범인에 대한 윤곽을 손쉽게 잡을 수 있다. 살인유형에 따라서 현장의 상황과 창상 등의 모양을 세밀하게 검사함으로써 사망원인의 판별이 가능하다. 사망원인은 여러 가지로 구분되는데 경찰청의 살인사건 수사 매뉴얼을 기준으로 구분하면 다음과 같이 나뉜다.

첫째, 끈졸림 살해가 있는데 피해자의 목 주변을 검사함으로써 판별이 가능하다. 보통의 경우 현장에 범행에 사용하거나 또는 사용하고 남은 끈이 발견된다.

둘째, 손졸림 살해가 있는데 손으로 목을 눌러서 질식사시키는 경우를 말한다. 대체적으로 손톱자국이 남아 있으며, 이를 사진촬영을 통해서 증거로 보존하는 과정이 중요하다.

셋째, 벤 살해가 있는데 예리한 도구나 식도, 회칼 등을 통해서 찌르거나 베는 방식으로 살해를 한 경우를 말한다. 창상은 창구가 대개 정연한 것이 일반적이다.

넷째, 총살해가 있는데 이는 총기를 사용하여 상대방을 사살하는 경우를 말한다. 탄피나 총탄이 현장에 남아 있는 경우가 많으므로 이를 잘 수집하여 물리적, 화학적 검사를 하면 총기의 개별성과 특징을 파악할 수 있다.

다섯째, 박살해가 있는데 석물이나 곤봉, 철봉, 기타 둔기를 이용하여 상대방을 살해하는 것을 말한다.

여섯째, 독살해가 있는데 독약이나 독극물을 이용하여 상대방이 이를 복용토록 함으로써 살해하는 방식이다. 피해자의 독살여부는 해부를 하여 위액을 채취, 검사하면 판별된다.

일곱째, 소살해가 있는데 상대방을 불에 태워서 죽이는 것을 말한다. 통상적으로 범죄의 증거를 인멸하기 위해서 살해 후 소각하는 경우가 있으므로 직접적인 사인을 규명하여 두 가지 경우를 구분하는 것이 중요하다.

여덟째, 폭살해가 있는데 폭발성 화약이나 약품 등을 이용하여 상대방을 살해하는 것을 말한다. 폭살해는 정치적인 테러나 암살의 수단으로 많이 이용되며 일반적인 연쇄살인이나 살인사건에는 거의 이용되는 않는 방법이다.

아홉째, 부작위에 의한 살해가 있는데 부양자가 피부양자에게 음식물을 제공하지 않아서 아사토록 하거나 또는 유아에게 엄마가 모유나 분유를 주지 않아 죽게 한 경우 등이 해당한다.

기타의 유형으로서 실족사를 가장한 살해방법이 있는데 고지나 강변 등에서 상대방을 밀어 떨어뜨려 죽이는 방법이다. 이를 '실족사를 가장한 살인'이라고 별도로 부르기도 한다.

### ④ 살인동기의 파악

연쇄살인사건 수사에서 가장 중요한 부분은 살인의 동기를 명확하게 파악하는 것이다. 일반적인 살인사건의 수사도 마찬가지이지만 살인의 동기와 목적, 어떠한 이유에서 살인을 저질렀는가를 판별하는 작업이 우선적으로 실시되어야만 한다. 연쇄살인사건 수사에서 살인의 동기에 따라서 수사의 방향이 변화한다는 점을 명심해야 하며 살인사건의 현장관찰을 통해 범행동기를 가장 잘 추정할 수 있다.

첫째, 재물이 살인의 동기인 경우가 있는데 금품이 목적이기 때문에 금품이 보관되어 있을 만한 장소를 물색한 흔적이 존재한다. 또한 살인행위는 처음부터 계획된 것이 아니며 현장이 참혹하지 않은 것이 특징이다. 원한과 구별이 어려운 경우에 침입구와 도주로, 범행수단 및 방법 등을 기준으로 식별이 가능하다.

둘째, 원한에 의한 살인이 있는데 남녀관계, 경제관계, 고용관계, 모욕 또는 치욕관계, 복수관계 등의 파악이 중요하다. 피해자에 대한 면식과 사전 지식을 가지고 있으므로 다른 사람이 도저히 알 수 없는 통로로 침입하거나 도주하는 사례가 있어 구별이 쉽게 가능하다는 특징이 있다. 범행현장이 극히 잔혹하기 때문에 현장 확인과정에서 쉽게 범행의 동기가 들어난다.

셋째, 치정에 의한 살인이 있는데 그 수단과 방법이 다른 살인사건보다도 극히 잔인하다. 신체에 성폭행을 당한 흔적이 남는 경우도 많으며, 국내에서 발생한 토막 살인사건의 상당수는 치정에 의한 살인사건이라고 할 수 있다.

넷째, 분노에 의한 살인이 있는데 대부분이 일시적인 살인충동으로 살해행위를 저지르지만 범행 직후에 이를 후회하거나 뉘우치고 자수하거나 현장에서 도주한 후 자살하는 경우가 많다. 범행이 공공연하여 범인판단은 수사관의 입장에서 용이할 수 있겠으나, 자살의 우려가 있어서 신속한 조치가 필요한 경우라 할 수 있다.

다섯째, 범죄은폐를 위한 살인이 있는데 타인에게 범죄현장이 발각되자 그 목격자를 살해하는 경우나 또는 이전에 저지른 다른 범죄가 타인에게 발각될 경우에 이를 염려하여 해당 목격자를 찾아가 살해하는 경우이다. 범죄현장이 발각되어 목격자를 살해하는 경우에는 충동적이고 계획성이 전혀 없으므로 현장에 시체를 방치하거나 시체를 알아볼 수 없도록 은닉 또는 소훼하는 경우도 발생한다.

여섯째, 미신에 의한 살인이 있는데 인체의 일부분이 불치병의 특효약이라고 믿는 그릇된 사고로 인해서 사람을 살해하여 시신을 채취하거나 먹는 사건이 해당한다. 다른 경우는 사이비종교에 심취하여 잘못된 교리에 대한 맹신으로 사람을 살해하는 경우이다.

기타로 정신이상에 의한 살인이 있는데 정신이상에 의한 살인이 아니라 고의적으로 처벌을 면하거나 처벌을 낮추기 위한 목적에서 정신이상으로 행동하는 경우도 있다.

# 4. 결론 : 사례의 분석

## (1) 연쇄범죄연구 선행 사례

연쇄범죄와 관련한 연구는 그간 많은 형사학자들에 의해 진행되었다. 외국의 사례에 대한 연구와 국내 사례에 대한 연구가 과정이나 결과에 있어서 극명하게 차이가 나타난다는 점에서 외국의 사례 보다는 국내의 선행연구 사례에 대한 분석과 고찰이 우선적으로 필요할 것이다. 국내에서 발생하는 연쇄범죄는 외국에서 발생하는 연쇄범죄와 내용적으로나 질적으로나 범죄자의 특성적인 측면에서 많은 차이가 발생한다. 특히 우리나라가 가지고 있는 치안환경과 사회 환경, 그리고 문화적, 경제적 환경이 외국과는 다르다는 점에서 연쇄범죄의 발생양상에도 이와 같은 부분들이 분명하게 적용되어 독특한 모습을 보이고 있는 실정이다.

박충민은 연쇄범죄와 연쇄살인범죄를 연구의 주제로 삼았는데, 특히 연쇄범죄 가운데 가장 심각한 유형으로 볼 수 있는 연쇄살인범죄를 범죄수사학적인 관점에서 집중적으로 조명하였다. 수사를 직접 경험한 베테랑 수사관으로서 우리나라에서 발생한 연쇄범죄의 내용을 심도 있게 파악하고 범죄의 전개과정이나 검거과정에서 나타나는 개별적인 연쇄범죄 또는 연쇄살인범죄의 특징들을 잡아내기 위해 노력하였다. 그의 연구에서 가장 특징적인 부분이 있다면 첫째, 경찰의 수사과정에서 심리학적 수사과정보다는 과학적인 수사과정을 강화하는 방향으로 나아간다는 점을 지적하였다. 특히 법과학이나 사이버포렌식(Cyber Forensic)과 같은 첨단 과학수사기법을 적극적으로 도입함으로써 장기적으로 연쇄범죄에 대한 경찰의 수사능력향상을 꾀할 수 있다고 주장하였다. 물론 이를 위해서는 경제적, 재정적, 인력적인 지원이 선행되어야 함은 물론이거니와 이를 담당하는 인력의 선발에 있어서 경찰조직이 가지는 폐쇄성을 벗어나야 한다는 점을 역설하였다. 둘째, 프로파일링 기법을 외국에서 무분별하게 도입하여 이용하고 있지만 실상 좋은 결과를 내놓기 보다는 이미 잡은 범죄자를 분석하는 수준에서 그치는 경우가 많기 때문에 지금과 같은 사후적 프로파일링(Post-Criminal Profiling)에서 벗어나서 이제는 사전적 프로파일링(Pre-Criminal Profiling)을 강화하기 위한 방향으로 나아가야 함을 지적하였다. 셋째, 연쇄범죄에 대한 명확한 데이타베이스를 구축함으로써 보다 거시적인 관점에서 미래에 발생 가능한 연쇄범죄에 능동적으로 대처할 수 있어야 함을 강조하였다. 이를 위해서 전산프로그램의 개발을 통해 각종 관련 수법과 범죄의 내용을 체계적으로 정리하고 이를 손쉽게 찾을 수 있는 인덱스 기능(Crime Indexing Function)을 명확하게 정리해야 함이 필요하다고 역설하였다. 그의 연구에 있어서 핵심은 범죄수사학적인 관점에서 국내에서 체계성을 가지고 면밀하게 연쇄범죄를 바라보았다는 점이며, 비록 분량은 적지만 연쇄범죄의 기본적인 틀을 잡는데 노력하였다는 점을 가장 높이 평가할 수 있다.

안동수는 연쇄범죄와 관련하여 살인이라는 부주제를 중심으로 연쇄범죄에 대한 프로파일링 제도의 활용방법에 대한 연구를 수행하였다. 이를 위해 다양한 외국의 프로파일링 모형을 제시하였고, 개별적인 프로파일링 모형이 활용될 수 있는 주된 분야를 정리하는데 노력하였다. 또한 프로파일링의 역사와 발전과정을 함께 비교함으로써 기본적으로 프로파일링이 연쇄범죄를 수사하는데 중요한 도구로 활용될 수 있음을 강조하였다. 연쇄범죄수사를 위한 프로파일링과 관련하여 우리나라에서 도입되고 있는 제도적인 문제점을 크게 6가지로 정리하여 제시하였다. 첫째, 연쇄범죄수사를 위한 프로파일링의 목표와 기준이 제대로 설정되어 있지 않고 이러한 내용들이 명확하지 않음으로 인해 이를 수사하는 수사관들이 상당한 혼선을 빚는다는 점을 지적하였다. 그의 연구에서는 무엇보다 이 첫번째 지적항목이 핵심이라고 할 수밖에 없는데 범죄프로파일링에 대한 정확한 개념이 잡히지 않은 상태에서 막연하게 프로파일링을 적용했을 때 발생하는 수사의 문제점을 제대로 비판적인 입장에서 정리하고 있다. 둘째, 용어의 개념정의가 제대로 이뤄지지 않은 점과 프로파일링과 관련한 정의들이 불명확함으로 인해 개별적인 연쇄범죄사건에 어떠한 방식으로 이를 적용해야 하는지를 놓고 혼선을 빚는 경우가 많음을 지적하였다. 셋째, 프로파일링을 통해 정리하는 범죄 또는 범죄관련 증거와 수법의 유형이 중첩되거나 중복되는 문제, 그리고 상호간의 범위의 정리가 제대로 되지 않은 문제로 인해 역시 수사관의 적용에 어려움이 따른다는 점을 지적하였다. 넷째, 프로파일러로 불리는 전문 수사관들의 직관과 전문적인 지식에만 치중하는 부분이 있기 때문에 실제로 프로파일링과 프로파일 시스템을 통한 분류와 연구에서 오류가 발생할 수 있음에도 불구하고 마치 만능 수사도구로 착각하는 경우가 많다는 점을 비판하였다. 다섯째, 프로파일링 제도를 경찰이나 검찰, 세관 등의 사법기관들이 너도나도 앞다투어 경쟁적으로 도입하기는 하였지만 이에 대한 절차를 제대로 정리하지 않음으로 인해 중구난방식으로 프로파일링 기법을 적용하여 오히려 수사의 혼선을 빚거나 가해자를 특정화 하는데 실패하는 사례들이 종종 발생하고 있음을 지적하였다. 마지막 여섯째, 실제 수사에 프로파일링 기법을 적용한다 하더라도 분명하게 범인을 특정화 하여 잡을 수 있다는 확신이 없다는 점에서 프로파일링 제도 자체에 대한 회의가 대두된다는 점을 꼬집었다. 물론 그의 주장이 다 맞는 것은 아니지만 실제 연쇄범죄의 수사과정에서 프로파일링 기법이 전혀 쓸모없는 무용지물로 전락하는 경우 역시 많은 실정이다. 이러한 문제점을 해소하기 위한 차원에서 그는 프로파일링 기법을 통한 연쇄성 범죄의 수사과정을 다음의 단계로 정리하여 제시하였다. 현장관찰과 초동 프로파일의 작성, 범죄현장 분석 및 2차 프로파일 작성, 증거자료 및 범죄관련 배경정보의 수집, 범죄평가 및 최종적인 프로파일의 작성, 수사, 검거, 검거 후 프로파일의 비교분석, 그리고 재판단계에서의 지원으로 절차를 모형화 하여 정리 제시하였는데, 이 부분이 그의 연구에서 제일 핵심적인 부분이자 학문적으로 정리된 중요한 소스라고 평가할 수 있다. 더욱이 학술적 연구가 아닌 연쇄범죄 수사를 위한 프로파일링의 적용과정과 절차를 정리, 제시하였다는 점에서 중요한 의미를 둘 수 있다고 판단된다. 여기에 추가적으로 범죄심리분석요원의 채용과 운용, 그리고 이들에 대한 교육훈련의 기본적인 원칙과 모형을 제시함으로써 전문화된 연쇄범죄 수사요원 양성과 운영의 필요성을 강조한 부분이 두드러진다 할 것이다. 이를 위해 주로 미 연방수사국의 범죄프로파일링 적용 절차를 우리나라의 실정에 맞게 변용하는 형식의 연구방법과 접근법을 행사하였으며, 이러한 시도 자체가 연쇄범죄의 연구에 많은 기여를 했다는 평가를 받을 만하다고 사료된다.

김수진은 방화범죄의 동기분석에 관한 연구를 중점적으로 시행하였는데, 이 가운데에서 특히 이상심리에 의한 연쇄방화사건에 중심을 두었다. 연쇄방화의 경우 보험사기목적, 방화광, 보복성 방화, 범죄은닉 방화, 흥분 방화 등으로 나누어 적절한 범죄예방 대책의 수립이나 이들에 대한 정신적, 심리학적인 치료가 이뤄지지 못할 경우 심각한 연쇄방화범죄로 전이되어 재산적, 물적, 인적으로 큰 피해를 입힐 수 있다고 주장하였다. 김수진의 연구에서 주목할 만한 내용이 있다면 연쇄방화범죄의 특성상 범죄수사 과정에서 겪게 되는 어려움을 명료하게 분석한 부분일 것이다. 첫째, 방화범죄가 발생하였다 하더라도 이를 정확하게 방화인지, 또는 화재인지 인식하는 것이 아주 힘들다는 점을 지적하였는데, 방화로 지목된 사건 역시 이를 연쇄방화사건으로 인식하는 과정이 어려우며, 수사관이 여러 가지 증거자료를 바탕으로 하여 연쇄방화로 지목하고 수사하기 위한 역량을 배양하는데 상당한 장애요인이 있다는 점을 문제로 제시하였다. 둘째, 연쇄방화범죄라 하더라도 장마철이나 눈이 많이 오는 경우에는 범인이 이를 실행하기 어렵다는 점이 문제이다. 따라서 일정한 간격상 규칙을 통해서 발생하는 연쇄강간범죄나 연쇄살인 범죄와는 다르게 불규칙성이 존재하며, 외부적인 환경 요인에 의해 연쇄방화가 지속되기 어려운 문제점이 있다는 점이 연쇄적 방화범죄 수사의 난점으로 제기되었다. 셋째, 연쇄방화범죄의 동기가 일정하지 않은 경우가 많다는 점도 수사의 난맥상을 더 키우는 원인이 되고 있다. 다시 말해서 동기가 없거나 홧김에라도 연쇄적으로 방화범죄를 저지를 수 있기 때문에 원인 특정화를 통한 연쇄방화범죄의 수사에 어려움이 따른다는 점을 지적하였다. 넷째, 연쇄방화범죄에 대해서 경찰과 같은 수사 및 사법기관이 사전에 이를 인지하고, 예방하기 위해 노력하는데 어려움이 많다는 점을 분석을 통해 제시하였다. 최근 들어, 연쇄방화범죄를 저지르는 전문방화범들이 고도의 기동성을 가질 뿐만 아니라 경찰의 수사기법에 대해서 정확하게 꿰뚫고 있음으로 인해서 예방의 어려움이 따른다. 더욱이 방화범죄는 대인성 범죄가 아니고 대물성 범죄라는 점에서 죄의식 없이 쉽게 저지를 수 있다는 점으로 인해 다수의 방화사건이 연쇄적으로 발생할 수 있는 가능성과 개연성이 크다. 그는 연구의 결론 부분에서 형법 및 형사특별법상 연쇄방화에 대한 처벌규정을 강화하여 법적, 심리적 강제를 통한 연쇄방화범죄의 예방 및 억제를 주장하였으며, 정책적으로 사회적으로 연쇄방화범죄의 심각성을 국민들에 제대로 인식할 수 있도록 하기 위한 노력들이 지속되어야 함을 제시하였다. 또한 화재관련 자료와 통계가 가지는 공신력을 제고함으로써 분석과 예방, 수사와 검거과정에 실질적으로 이러한 내용들이 도움이 될 수 있어야 한다는 점을 제시하였다. 마지막으로 외국에서 사용중이거나 활용중인 전문 방화관련 수사도구와 장비들을 국내에 도입하여 실질적으로 과학수사를 통한 연쇄방화범의 검거에 도움이 될 수 있어야 함을 제기하였다. 끝으로 연쇄방화범죄만을 전문적으로 수사하는 방화전문 수사관제도를 전격적으로 시행함으로써 많은 방화범죄 관련 데이터를 축적하고 다양한 수사경험을 통해서 사회적 테러로서의 연쇄방화범죄자들을 검거하는데 최선의 노력을 다해야 함을 주장하였다. 연쇄범죄로서의 방화범죄에 대한 연구를 전문적인 주제로 삼아 연구를 수행하였다는 점에서 그의 연구가 가지는 학문적 가치를 높이 평가할 수 있으며, 특히 외국의 사례가 아닌 국내의 사례를 중심으로 하여 연구를 수행하였다는 점이 중요한 요소라 할 수 있다. 더욱이 연쇄방화범죄자가 가지는 사회적, 정서적, 심리적인 특성을 세부적으로 정리하는 시도를 함으로써 실제 연쇄방화범죄 수사과정에서 수사관들이 기준과 표준을 잡을 수 있는 기준을 제시하였다는 데에 의의가 있을 것이다.

김경옥은 범죄수사와 관련한 프로파일링 기법을 연쇄방화범죄에 적용한 연구를 통해 방화범죄와 관련한 고유의 프로파일링 시스템을 제안하였다. 그의 연구에 따르면 연쇄방화범죄는 공간적 이동성을 강하게 가지며, 이러한 공간이동성을 사전에 예측하거나 또는 사후에 분석하는 방법을 통하여 추가적인 범행의 발생 시 이를 사전에 예측하기 위한 도구를 만들 수 있다고 주장하였다. 물론 이를 위해서는 물리적 수사방법과 심리학적 수사방법을 동시에 도입하여 이용하였지만 근본적으로 행동을 통제하는 심리적 기제와 방향이 범행의 설정과 결행, 그리고 연쇄적인 범행의 지속에 영향을 미친다는 점을 지적하였다. 그가 본 연쇄방화범의 행동성향 분석과 관련한 요소로서, 방화범죄자의 살아온 과정이나 성장과정의 배경, 연쇄방화범죄자가 가지고 있는 직업이나 직업변경의 과정, 경제적 상황이나 상태, 거주

형태나 거주지 주변의 환경, 정신과 치료경력이나 병력, 전과경력, 방화범죄 이외의 범죄유형, 범행발생 시간, 이전의 범행경험, 공범의 유무, 범죄를 위한 이동수단, 피해자 또는 피해 장소와의 관계성, 범행발생장소의 유형이나 형태, 착화물, 범행시의 음주여부, 범행의 동기, 범행의 후에 보여주는 일정한 패턴의 행동, 범행 사용도구의 처리방법, 도주방법, 도주 장소 또는 은신장소, 검거경위, 검거에 소요되는 시간, 검거장소 등이 있음을 연구과정을 통해 주요한 변수로 도출하여 제시하였다.

연쇄방화범죄에 대한 연구에 있어서 이상의 요소들을 외국의 선행연구를 기반으로 하여 우리나라의 실정에 맞게 추출하고 이를 직접적인 연구에 적용하였다는 점에서 중요한 의의를 둘 수 있으며, 특히 연쇄방화범죄자와 범행횟수, 범행동기, 동종전과경력, 도구준비과정, 피해자와의 관계, 범행 후 관찰여부와 같은 특성을 교차비교분석 함으로써 실증적인 연쇄방화범죄에 대한 접근을 위해 시도하고 노력하였다는 점은 높이 평가받고 있다. 다만 연쇄방화범죄 수사과정에 대한 제안이 약하고, 방화범죄수사 전문성을 위해 필요한 도구적인 내용들이 제대로 제시되지 못한 채 실증적인 비교연구에 치중하였다는 점은 다소 아쉬운 부분이라 하겠다.


## (2) 사례에 대한 분석

이상에서와 같이 국내 외 사건사례를 분석하여 보면, 몇 가지의 공통점을 발견할 수 있다.

첫째, 연쇄범죄자들의 대부분은 가정적으로 불우한 삶을 살아왔다는 점이다. 어려서부터 가난한 집안에서 태어나 가족관계가 원만치 않은 환경에서 성장하며 부모 중 하나는 알콜이나 도박 등에 중독되어 학대를 일삼았다는 점이다. 그 학대의 내용에 있어서도 일반적인 훈계나 잔소리를 넘어 상습적으로 구타하고 심지어는 고문에 가까운 행위를 자신의 아이에게 행사하였다는 것이다. 그로 인하여 늘 자신감과 자존감을 상실한 아이들은 혼자 있기를 고집하고 놀이라고 하는 것 자체가 동물을 죽이거나 박제를 만드는 것 등 일반적인 아이들의 성장과정과는 전혀 달랐다는 것이다. 학대를 받고 살아온 자가 자신의 학대를 보상받고자 하는 심리가 더 많은 것처럼 성장과정부터 학대를 받으며 불우한 유년기를 보낸 기억들은 다른 사람, 힘없고 약한 여성이나 아이, 노인들을 상대로 잔혹한 범행을 실천하도록 하였다는 것이다. 연쇄범죄의 대부분은 경제적으로도 급속한 성장기나 특별한 사회적 이슈가 등장하여 다소 혼란한 사회현상이 존재할 때 그 발생빈도가 높았다. 그 원인은 빈익빈부익부로 표현되는 구조적인 자본주의 체제의 모순에서 야기되었다고 볼 수도 있으며, 사회가 특정한 이슈로 혼란한 틈을 이용하여 기회적인 범행환경이 조성된 면이 없지 않다고 할 것이다. 한 사람이 연쇄범죄자가 되는 과정의 여러 가지 복합적인 요인들은 가정문제, 사회경제적인 문제, 본래 기질의 문제 등 있을 것이다. 이 세상에서 누구나 같은 환경 속에서 같은 취급을 받으며 살 수 없다는 것은 당연하지만, 사회적이나 경제적으로 지나치게 편향된 사회구조, 소외된 자들에 대한 무관심, 전과자란 이유로 행하여지는 불평등과 불이익이 집중되는 현상이 되풀이되면 우리 사회에는 연쇄범죄와 같은 괴물들이 지속적으로 나타나게 될 것이다.

둘째, 사회를 공포로 몰아넣는 연쇄범죄가 발생하였을 때, 제대로 된 수사제도가 존재하지 못하였다는 것이다. 일련의 대형사건들이 발생할 때마다 그 사건을 해결하거나 예방하기 위하여 그때그때 수사전담반을 만들고 나름 공조수사 실시하였으며 향후 동일한 범죄를 예방한다는 취지로 범죄자들의 심리를 연구하기 시작하였으나 일관성이나 지속성을 가지지 못하였다는 것이다. 그러한 문제점들은 수사기관 등이 연쇄범죄에 대한 근원적인 대비책을 간과하였다는 반증이다. 자주 발생하는 범죄가 아니라는 생각으로 사전에 대책을 세우고 연구를 하는 등의 노력을 소홀히 한 점은 수사기관 등 사법당국을 포함하여 궁극적으로 국가가 국민들의 평안한 삶을 보장하여야 한다는 대원칙을 지키지 아니한 것이라고 할 것이다.

셋째, 연쇄범죄수사에서 수사기법적인 측면에서 많은 오류를 범하여 범행을 키운 면이 없지 않았다. 비록 재정적인 뒷받침이나 국가적인 관심이 부족하였다고 하여도 범죄를 예방하고 범인을 검거하는 수사기관은 본연의 임무에 충실하고 최선을 다하였어야 한다. 열악한 환경 속에서도 정하여진 여건을 최대한 활용하여 본연의 직무에 만전을 기하였어야 한다는 것이다. 살펴보면, 어떤 영역은 환경을 탓하기 어려운 점이 많았다. 충분히 현재의 환경 속에서도 신속히 대처가 가능하였음에도 안일한 행태를 반복하며 직무태만 내지는 직무유기의 우를 범하였다. 여기저기 지속하여 발생하는 연쇄범죄사건을 수사하면서 사건발생을 숨기려는 관행은 여전히 존재하였고 사건의 공을 독차지하려는 이기주의 때문에 적정하고 신속한 공조수사를 회피하기도 하였다.

넷째, 국내에서 발생한 연쇄범죄를 분석하면서 다소 동떨어진 느낌은 없지 않으나 1차 수사기관으로서 경찰조직의 문제점을 논하지 않을 수 없다. 경찰조직이 내부적으로 가지는 여러 가지 문제점들이 신속한 사건의 해결에 분명히 장애가 되고 있기 때문이다. 우선, 경찰 각 구성원의 사기를 진작하고 수사관의 사건 해결의 의지를 고양하는 근무환경조성, 전문화된 교육에 소홀하였다. 또한 입직경로의 모순을 해결하지 못하여 내부적으로는 경찰관 상호간에 위화감이 팽배하여 있고, 90% 이상을 직접 수사하면서도 수사개시권 마저 최근에야 법률에 명시하는 등 수사주체로서의 자존감을 심어주는데 실패하였다. 그러한 부분들이 수사관들의 직무의지를 꺾어 능동적이고 효율적인 수사에 지장을 초래하였으나, 최근 1차 수사기관으로서 책임수사를 진행할 수 있도록 수사권조정안이 국회를 통과하는 등의 변화가 있기 때문에 향후 경찰의 책임수사가 기대된다.

필자는 일선에서 수사관으로서 수없이 많은 사건을 취급하여 보았다. 그 과정에서 각 수사관들이 가지는 수사의지와 관련하여 가장 문제점은 수사주체로서의 자부심이 없었다는 것이었다. 사건을 진행하면서 자신이 속한 1차 수사기관인 경찰 내부의 통제나 지시를 받기보다는 검사의 지시에 충실하려는 노력이 우선하는 경우도 많다는 것을 느꼈다. 수사진행과정에서는 절대로 이중적인 형태의 수사지시나 지휘는 없어야 일사불란하게 수사가 진행될 수 있다. 현재의 현실은 연쇄범죄가 발생하면 1차 수사기관인 경찰이 제일 먼저 수사를 개시하는 것이므로 지금부터라도 연쇄범죄의 효율적인 수사를 위하여 교육, 입직경로, 전문화시스템, 법률적인 뒷받침, 수사제도의 구축 등 전반적인 노력이 요구된다.

마지막으로, 우리나라의 경우에는 아직도 정신질환에 의한 범죄자와 연쇄범죄자의 특성에 기인한 범죄양태를 구분하지 않고 있다는 점이다. 외국의 경우처럼 연쇄범죄자로 밝혀지면 정신질환 등으로 인정하지 않고 단죄하고 있음에도 우리는 그러한 시스템을 현재로서는 갖추고 있지 않다. 분명히 정신질환자로 인정되면 처벌에 있어 감경사유가 되고 실제로 그러한 사례가 나타나고 있음에도 그것을 구분하는 연구나 노력이 미진하다는 것이다. 아직 흔치 않은 일이라고 판단하여 정신질환자와 연쇄범죄자에 대한 명확한 판단근거를 사전에 갖추어 놓지 아니하면 어렵사리 범인을 검거하고도 처벌에 있어 난항이 있을 수밖에 없을 것이다.

연쇄범죄 수사의
문제점과 개선방안

**03**

## (1) 수사관의 비전문성

우리나라 경찰교육기관은 신임순경들을 교육하는 국립중앙경찰학교와 기존 직원들을 재교육하는 경찰인재개발원이 있으며, 고등학교를 졸업하고 지원하여 합격하면 군(軍)의 사관학교처럼 4년 과정 교육을 받고 초급간부로 임용되는 경찰대학이 있다. 그 외 수사경찰들만을 재교육하는 경찰수사연수원이 있다. 즉, 경찰 입직 당시부터 수사관으로 시작할 것을 전제로 하여 형사학교를 따로 운영하고 있지는 않다. 따라서 현재로서는 일선 경찰서에서 수사관으로 활동하는 수사관들을 재교육하는 경찰수사연수원이 수사경찰의 전문적인 교육기관인 셈이다.

최근 경찰수사연수원에서는 각종 수사기법을 개발하고 그 수사기법을 교육생들에게 일정기간 교육하고는 있으나 그 교육의 혜택을 받는 인원은 한정되어 있다. 거기에다 일선에서 기존 관행적인 수사에 물들어 있는 고참급 수사관들은 교육을 적극적으로 회피하고 있어 문제점이 있다. 그러다보니 사실상 연쇄범죄의 전문수사관은 거의 한정되어 활동한다고 보아야 한다. 일선 수사관 중에서 어느 한 분야에 능력이 뛰어난 수사관을 선출하여 전문수사관으로 임명하고 그들에게 나름대로 인센티브를 부여하고는 있으나 고질적인 경찰의 계급체계에 대한 문제점으로 인하여 전문수사관을 지향하는 수사관은 그리 많지 않다고 보아야 할 것이다.

기본적으로 수사를 하는 수사관들에게 경찰의 진급체계는 아주 불리하게 되어 있다. 다른 부서에 비하여 그 근무 난이도가 높고 힘든 부서임에도 별다른 인센티브를 부여하지 않아 최근에는 수사부서에 근무하는 것을 회피하는 추세여서 앞으로 경찰수사의 전망이 우려되고 있다. 별도로 모집을 하게 되는 심리학 전공의 범죄심리분석요원들은 경찰의 기본근무를 해 본 적이 없고, 일선 사건 현장에 임장하여 본 경험이 전혀 없는 상태에서 선발되어 이론적인 지식과 실무 과정에서의 괴리를 극복하지 못하는 현상이 파다하며 현장에 배치되어 직무를 하다가 일정기간이 경과하면 얼마든지 다른 부서로 근무를 변경할 수 있기 때문에 그들의 전문성을 효율적으로 이용할 수 없는 문제점도 있다. 그럼에도 현재의 한정된 전문수사관들이 사회의 이목을 집중시키는 대형범죄에 대처하고 있다는 것은 다행스러운 일이다.

### 개선방안. 연쇄범죄 전문수사관제도의 전면시행

연쇄범죄는 선진국형 범죄이다. 명실공이 우리나라도 이제 선진국 대열에 들어섰고 그렇다면 선진국형 범죄의 유형인 연쇄범죄에 대하여 대비를 철저히 하여야 한다. 연쇄범죄가 발생하고 범인의 검거가 늦으면 늦을수록 사회는 혼란과 충격에 싸이고 급기야 국가 전체가 대형사건의 그늘에서 허둥대게 될 것이기 때문이다. 그런 안타까운 결과를 맞이하지 않기 위해서는 미리 범죄를 예견하고 대비하는 것이 최선이다.

분명히 연쇄범죄는 일반 범죄와 그 패턴을 달리한다. 그 범죄가 발생하게 되는 원인도 다르고 무엇보다 명백한 특징이 있다. 그러한 원인과 특징들을 초기단계부터 파악하여 적절한 조치를 취하는 것이야 말로 대단히 중요한 일이라고 할 것이다. 결국 최초 현장에 임장하는 수사관의 수사의지와 전문성이 향후 그 수사의 성패를 결정할 수도 있다는 것이다. 따라서 수사관의 수사의지나 전문성을 배양하는 것은 아주 중요한 과제가 되었고 이제 연쇄범죄 전문수사관제도를 전면 실시할 시점이 되었다는 것이다. 1차 수사기관인 경찰에서는 1980년대부터 연쇄범죄에 대하여 관심을 가지고 미국 등 연쇄범죄를 경험한 나라들의 선진기법을 일부 도입하여 연구를 하여 왔지만 아직도 그 틀이 잡히지 않은 상태이고, 선진국의 사례가 우리나라와 환경이나 여건이 다르다는 이유로 본격적인 연구를 소홀히 하는 부분이 있다. 어쩌다가 연쇄범죄사건으로 분류되는 대형사건이 발생하면 범죄심리분석관을 활용한다면서 프로파일러를 동원하여 발생 사건들의 연관성을 밝히느니 뭘 하느니 대책을 내놓지만 그 사건이 해결되고 나면 곧 관심에서 멀어지고 만다. 그러한 현상은 늘 있어왔고 지금도 그런 현상에서 벗어나지 않고 있다.

경찰에서 현재 실시하고 있는 각 영역별 전문수사관 인증제도 중 연쇄범죄만을 전종하는 전문수사관제도를 상시적으로 운영하여야 한다. 수사관의 비전문성을 극복하기 위하여서는 첫째, 전문수사관을 특채로 선발을 하건 발탁을 하건 일단 선발이 되면 그들이 제자리를 잡고 능동적이고 창의적으로 근무하여 보람을 느끼도록 여건과 환경을 조성하여 주어야 한다. 그리고 그들이 전문성을 최대한 발휘할 수 있도록 현재의 불안정한 인사 시스템을 손질하여 보직을 보장하는 제도를 확립하여야 한다. 둘째, 일선에서 수사를 전담하는 수사관들에게 연쇄범죄에 관하여 아주 기초적인 소양이라도 갖출 수 있도록 강력력을 동원하여서라도 일정 기간 의무교육을 하여야한다. 연쇄범죄는 범죄발생 최초에 대처가 가장 중요하고 신속한 검거 외에는 대안이 없는 범죄이니만치 전문성이 있는 수사관의 투입은 매우 중요하지만, 현재로서는 전문수사관이 그리 많지 않은 상황이므로 일단 일선에서 근무하는 일반수사관들을 상대로 일정기간 의무적으로 연쇄범죄에 대한 기초적인 수사기법을 교육하여 수사에 활용하여야 된다고 생각한다. 연쇄범죄가 자주 발생하는 범죄가 아니라는 이유로 전문수사관 제도의 도입을 미루어서는 절대 안 될 것이다.

## (2) 프로파일 및 수법수사제도의 낮은 활용도

우리나라는 2000년 프로파일링 제도와 기법이 도입되어 현재 대략 40여 명 내외의 프로파일러가 활동하고 있으나 아직 시행 초기 단계로 프로파일링에 대한 올바른 역할 모형의 정립과 프로파일러 선발과 교육, 실무현장에의 효율적인 투입 및 교육훈련 등의 문제와 경찰조직 내에서의 구성원 간의 공감대 형성 및 인식제고를 위한 노력이 부진하다. 프로파일러로 선발된 경찰관들이 실제로 범죄분석을 하는 부서가 아닌 이를 테면 생활안전기능 등 다른 보직을 받아 근무하게 되어 자신이 원하는 직무에 종사할 수 없는 경우가 왕왕 있어 보직 인사에 대한 신뢰를 가지지 못하는 현상이 존재하기도 하며, 원하는 부서에 발령을 받은 경우에도 지나치게 업무량이 많아 프로파일링이나 범죄분석 업무에 집중하지 못하는 현상이 있다.

수사 진행 과정에서는 일반 수사관들과 형사과장, 수사과장 등이 프로파일링에 대한 사전 지식 부족으로 인하여 유기적인 업무협조가 원활하지 못한 경우도 많다. 일선 수사관들은 고답적이고 관행적인 수사를 진행하며 프로파일링을 인정하지 않으려는 풍토가 여전히 존재하고 있으며, 기본적으로 연쇄범죄로 인정하기를 회피하는 성향으로 인하여 프로파일러를 동원한 수사가 효과적으로 이루어지지 않고 있는 실정이다. 사실 그런 연유로 인하여 연쇄범죄사건이 단순 강력사건 정도로 처리되는 경우가 많다. 한편 프로파일에 대한 일반 수사관들의 지나친 신뢰나 의존도 문제가 되곤 한다. 대다수의 일반 수사관들은 즉시 결과가 나오기를 요망하고 기대를 하였다가 그대로 되지 않으면 실망하게 된다. 프로파일은 자료의 수집, 검토, 분석하는 과정을 면밀히 거치는 수사기법임에도 조기 검거에 쫓기는 일선 수사관들은 단기적이고 가시적인 효과를 기대하는 것이다.

자료 수집, 관리, 분석과 관련하여서도 문제가 많다. 연쇄범죄가 일정한 장소에서 발생하는 경우보다는 전국을 무대로 하여 광역성 범죄 형태를 띠는 경우가 대다수임에도 각 지역별로 발생한 연쇄범죄사건에 관한 자료나 단서가 집중 관리되지 않아 발생 관서마다 수사가 이루어지는 수사 인력 낭비가 심각하다. 자료 등의 신속한 종합관리는 각기 발생한 사건의 특성을 판단하여 동일범 여부를 판단하는 기준이 되므로 특히 중요하다.

다음으로 프로파일에 있어 가장 중요한 수법수사제도의 낮은 활용성의 문제가 있다. 살인, 강도, 강간, 문서위조, 공갈 등 수법범죄의 경우 반드시 정하여진 양식에 따라 그 사건을 취급한 수사관들이 직접 자료를 입력하여야 하나 사실상 일선 수사관들이 자료를 모두 입력하는 것을 기대하기는 힘들다. 현재는 입력 시스템이 복잡하고 지나치게 시간이 소요되며 수사관들이 자료 입력의 중요성을 깊이 인식하고 있지 않기 때문이다. 그런 이유로 수사관들마저 수법수사제도에 관하여 신뢰를 하지 않고 나아가 수법수사제도를 활용하지 않고 있다. 범죄 중 특별히 일정한 패턴과 범죄수법이 존재하는 필수적인 범죄 양태는 반드시 수법수사를 하여야 함에도 이를 소홀히 하고 있다는 것이다. 수사관 자신이 자료 입력 등을 소홀히 하고 그런 연유로 수법수사를 배척하는 것은 문제가 아닐 수 없다.

### 개선방안 1. 프로파일의 제도화

프로파일을 제도화하지 않으면 프로파일러를 확보할 수 없다. 연쇄범죄 사건에 있어 프로파일의 중요성은 이제 공지의 사실이다. 그럼에도 프로파일이 제도화되지 아니하여 프로파일러를 한정적으로 양성하여 활용하고 있는 것은 문제가 있다. 반드시 연쇄범죄수사에는 프로파일러가 초기 단계부터 사건에 개입하여 사건을 분석, 검토, 수사하는 시스템을 구축하여야 한다. 현재는 연쇄범죄사건이 발생하여도 그 수사에 반드시 프로파일러가 참여하여야 한다는 규정이 없다. 즉, 사안에 따라 극소수의 프로파일러를 적정히 활용할 따름이지 제도화되지 않았으므로 강제성은 없다. 연쇄범죄 사건에는 프로파일러가 반드시 참여하여야 한다는 의무규정이 포함된 제도를 구축하여야 한다. 현재로서는 연쇄범죄사건에 있어 프로파일처럼 인정받는 수사기법은 존재하지 않기 때문이다.

즉시 프로파일을 제도화하고 거기에 필요한 프로파일러를 필요한 만치 양성하여야 한다. 그리고 양성한 프로파일러를 각 경찰서 과학수사팀에 1명 이상 배치하여야 한다. 현재는 각 지방경찰청 단위에 1~7명의 프로파일러가 근무하며 중요사건이 발생하면 지원을 가는 구도로 되어 있다. 각 지방청산하 경찰서는 수십 개에 달하고 사건은 지속하여 발생하고 있는데 1~7명의 프로파일러가 전체 경찰서를 담당하고 있다는 것은 말이 안 된다. 즉 신속한 투입과 대처가 사실상 불가능하다는 것이다. 따라서 프로파일을 제도화하여 각 경찰서 과학수사팀에 반드시 프로파일러가 1명 이상 상주하도록 배치, 운용해야 할 것이다.

물론, 위와 같이 프로파일러를 확보하려면 예산이 문제가 될 것이다. 필요한 인원을 선발하고 교육을 하려면 무엇보다 예산이 뒷받침되어야 하기 때문이다. 현재 가장 아쉬운 부분은 예산이 충족되고 있지 않다는 것이다. 경찰 수사예산의 효율적인 재배치를 통한 해결이 요망된다.

### 개선방안2. 수법수사의 적극 활용

연쇄범죄자들의 특징은 의외로 단순할 수도 있다. 그들의 행동 양태는 단순화하면 습관적이기도 하다. 다만 그 범행의 일시 장소가 불확실하여 예측이 어렵다는 것 외에도 상습성이 인정되는 범죄자이기 때문에 주의만 좀 더 기울인다면 그들의 범죄수법이나 습관을 기초로 오히려 효율적인 수사를 할 수도 있다. 연쇄범죄도 결국 습관성 범죄의 체계를 지닌다면 평소 수법범죄로 분류된 사건에 대하여는 자료를 철저히 수집하고 관리하여야 한다. 그것이 차후에 연쇄범죄가 발생하였을 때 프로파일의 훌륭한 기초자료가 되기 때문이다. 수법범죄의 자료를 수집, 관리하여 전산시스템을 통하여 완벽히 데이터베이스로 구축하여 비교, 분석할 수 있도록 하여야 한다. 아직까지 우리는 연쇄범죄에 관하여 전문적인 자료 수집 및 분석 시스템이 제대로 구축되어 있지는 못한 형편이다. 수사관들은 반드시 사건 현장에서 수집한 자료들을 낱낱이 입력하여 데이터베이스를 제대로 구축할 수 있도록 협조하여야 한다. 아직도 수법범죄조차도 귀찮고 시간이 없다는 핑계로 제대로 입력하지 아니하여 수사에 지장을 초래하고 있는 수사관이 있어 문제이다. 결국 우수한 데이터베이스 체계를 구축한다 하여도 참여하는 수사관들이 현장에서 수집된 자료들을 제 때, 정확히 입력하지 않으면 무용지물이 된다는 것이다. 현장에서 수집한 자료를 정확히 기록하거나 기입하는 문제는 수사관의 의무이다. 수사관들 각자가 완벽하게 자료를 입력하여야 한다는 의무감을 가질 때 수사관 자신부터 수법수사제도에 대한 신뢰가 구축된다. 각 수사관들로 하여금 자신이 취급한 사건에 대하여 반드시 자료를 입력하도록 의무를 부과하고 이행치 않는 수사관들에 대한 통제도 분명히 규율할 필요는 있다고 생각된다.

## (3) 전문수사교육제도의 미비

현재의 경찰교육기관 중 유일하게 수사요원을 양성하는 경찰수사연수원의 각종 교육이 그다지 효과적이지 못하다. 기본적으로 교육을 받는 수사관들의 마음가짐도 문제이지만 교육 프로그램 자체도 극히 형식적이고 도제식으로 진행되고 있음은 안타까운 일이 아닐 수 없다. 여러 가지 전문수사교육에 대한 문제점이 있으나 당장 문제가 되는 몇 가지를 살펴보면, 일단 교수요원의 자질과 역량에 있어서도 일선에서 실제로 현장을 경험한 인원이 절대 부족한 실정이다. 교수요원의 자격이 경찰 간부로 분류되는 경위 이상부터이고 최근에는 그나마 경감이상으로 교수요원을 보임하고 있다. 일선에서 현장을 뛰는 절대다수의 수사관들이 순경 공채부터 시작하여 경감계급에 이르기는 그렇게 쉬운 일이 아니다. 그렇다보니, 거의 모든 경찰교육기관들에 경찰간부후보생 출신 혹은 경찰대학 졸업자들이 교수요원으로 자리하고 있다. 순경 공채로 시작한 교수요원들은 사실상 찾기 어려운 정도이다. 수사에 있어서만큼은 현장을 알아야 하며 그래서 현장을 발로 뛰면서 수사를 한 경험은 무척 중요하다. 그러나 말단 수사관 과정을 거치지 않은 경찰대학 출신이나 간부후보생 출신 교수요원들이 과연 현장감을 제대로 알고 강의를 할 수 있는지는 회의적이다. 현장을 경험한 교수요원의 강의 내용과 단지 지휘자로서 현장을 지켜보거나 타인의 경험을 책으로 접한 교수요원의 강의는 본질적으로 큰 차이가 있을 수밖에 없다. 거기에다가, 한정된 교육 예산은 수사관들에게 양질의 교육을 제공하지 못하게 한다. 반드시 실습을 하여야 하는 교육 내용도 교수요원이 대표적으로 시

연하는 것을 눈으로 보게 하는 간접적인 경험 형태로 진행이 되고 있다. 고가의 과학수사 장비를 마음대로 실습용으로 활용할 수 없는 제약이 존재하는 것이다. 그러나 실험이나 실습은 반드시 자신이 직접 하여 보는 것이 필수이다. 예산의 증액으로 교육생에게 꼭 필요한 실험실습이라면 누구나 한 번씩은 직접 실험하고 이용할 수 있도록 교재예산을 증액하여 주어야 할 것이다.

경찰기관에서의 전문교육이 여러 가지 한계가 있음은 이미 기술하였다. 그러한 한계를 극복하기 위하여 대학 등 민간 교육기관을 통한 수사관 양성에 대하여도 신중한 검토가 필요하다고 생각된다.

### 개선방안 1. 전문수사요원 사기진작 및 우수한 교수요원 확보

현재 경찰교육기관에서는 나름대로 살인 등 강력범죄 수사에 대한 교육을 실시하고 있으나 여전히 도제식으로 이루어지고 있는 것은 부인할 수 없는 사실이다. 거기다가 교육기간도 턱없이 부족하여 교육을 이수한다고 하여도 제대로 원하는 지식을 습득하였을 지는 의문이 드는 경우가 많다. 물론 경찰수사연수원에서 매년 수백 명의 경찰관들을 대상으로 하는 수사전문교육이 이루어지고 있으나 외국에 비해서는 그 여건이 좋지 않은 실정이다. 그러다보니 교육에 임하는 수사관들은 시간을 때우거나 쉬거나 교육 점수를 챙기는 정도로 교육을 이해하고 있다. 경찰수사요원의 전문화를 강화하기 위해서 2005년도 가을부터 경찰청에서 전문수사관 인증제도를 시행하고 있기는 하지만 수사관들이 현장에서 느끼는 매리트는 거의 없는 상황이다. 전문수사관이 된다고 하여도 그것이 자신의 진급이나 보수에 큰 차이가 없기 때문이다. 특히 연쇄범죄 전문수사관으로 인증 받은 수사관에 한하여 일정기간 동안 사건 해결의 성과와 전공하는 분야의 연구 성과 등을 평가하여 승진 및 연구 수당의 지급 등으로 사기를 진작시켜 주어야 한다.

다음의 문제는 전문수사관을 교육하는 교수요원의 부족 내지는 능력의 문제이다. 일단 일선 경험이 전혀 없는 간부출신 교수요원 등이 전문수사관을 교육, 인증하는 것에 대하여 회의적이다. 경찰 수사관들은 우선 일선 현장에서 누가 보아도 어려운 사건을 제대로 해결하는 뛰어난 수사관의 수사 활동을 신뢰하는 경향이 있다. 즉, 현장을 뛰는 현장 전문가를 선호하고 신뢰하는 성향이 있다는 것이다. 언론을 통해 알려진 사람이나 이론을 전파하는 학자풍의 전문가를 그다지 선호하지 않는 것은 물론 나아가 현실을 모르는 사람의 말잔치라고 비아냥거리기도 한다. 전문수사관을 인증, 배출하려면 우선 경찰관 신분의 교수요원인 경우에는 자신이 교육하는 분야에서 만큼은 국내에서는 누가 뭐라 해도 현장 전문가라야 한다. 그렇지 않으면 전문수사관 인증을 받은 수사관들 또한 그들의 전문수사관 자격에 대하여 인정받기 어렵기 때문이다. 그 외 경찰신분이 아닌 전문가의 경우에는 명실공히 국내 최고의 전문가로 인정받는 인원이 초빙되어야 한다. 이 부분은 강사료 등의 비용을 아끼지 말아야 가능할 것이다. 현재 경찰조직 내에서 전문수사관 인증제도 외 다른 인증제도는 없다. 오로지 경찰수사연수원에서 실시하는 전문수사관 인증제도만 존재할 뿐이다. 따라서 국내의 최고의 실무자와 권위자들을 강사로 초빙하여 그들로 하여금 교육을 하게 하고 교육을 받은 수사관들이 소정의 교육절차를 이수 후, 평가를 통하여 연쇄범죄 전문수사관으로 인증하여 주도록 권위를 높여주어야 한다. 즉, 교육기관

내부적으로는 실무경험이 풍부한 수사관 등을 선발하여 적극 활용하여야 하고, 외부적으로는 국내 대학이나 전문 분야에서 활동하는 권위 있는 교수나 전문가들을 강사로 초빙하여 교육을 하는데 비용을 아끼지 말아야 할 것이다.

## 개선방안 2. 수사관 등급 부여로 전문성 확보

전문수사관 인증을 받은 인원에 대해서 별도의 인사적인 인센티브를 주고 계급을 기초로 하는 것이 아닌 전문성을 활용하는 수사업무 수행이 가능하도록 해야 한다. 미국의 대도시 경찰은 수사관의 계급과는 별도로 수사관 등급(Investigator Level)제도를 도입하여 여타 현장업무 경찰관과는 다른 방식으로 다루고 있다. 이를테면, 수사관의 계급을 기준으로 하지 않고 전문분야의 수사 등급을 정하여 그 등급이 높을 경우에 계급과 관계없이 사건 발생에 따라 수사팀장이나 반장을 할 수 있도록 함으로써 전문성을 활용하고 있다. 미국에서는 계급이 높고 나이가 많은 수사관이 젊고 계급은 낮지만 전문분야 수사등급이 높은 수사관의 지휘를 받고 수사를 하는 경우가 흔하다. 이는 연쇄범죄처럼 난이도가 요구되고 전문성이 요구되는 사건에 관하여는 계급 보다는 수사관의 능력과 경험, 역량을 인정하기 때문에 가능한 것이다.

우리도 이와 같은 시스템을 적극 도입하고 교육기관에서 연쇄범죄 전문수사관 인증을 받은 수사관들에게 수사등급을 부여하는 형태로 개선할 필요가 있다. 이른바 '프로경찰', '프로 수사관'이 인정받는 시스템이 구축되어야 한다는 것이다.

## 개선방안 3. 실험실습 활성화 및 위탁교육 활용

다음으로는 수사관 양성교육기관에 대한 예산지원이 보다 강화되어야한다. 수사관으로 입직한 요원들이 현장에서 경험할 가능성이 충분한 실질적인 모형, 장비를 확보하고 소비성이 있는 교재도 과감히 사용하여 실험해볼 수 있도록 하여야 한다. 사용하여 보는 것과 눈으로 보는 것은 확연한 차이가 있음에도 주로 견학 위주로 진행되는 수사기관 교육은 문제가 많다고할 것이다. 또한 연쇄범죄 전문수사관 양성과정에서는 소정의 교육을 받고있는 동안에도 사건이 발발하면 반드시 현장에 진출하도록 하여 비록 그 수사를 전담하지 아니하여도 참여할 수 있도록 하였으면 한다. 연쇄범죄 전문수사관 양성 시스템은 일반 전문수사관 교육보다는 그 방법을 달리할 필요가 있다고 생각된다. 흔히 일어나는 범죄가 아니므로 연쇄범죄 진문수사관은 전국 어디에서 연쇄범죄가 발생하건 참여토록 하여 눈으로 보고 경험하게 함으로써 전문성을 습득하도록 하는 것이 필요할 것이다. 마지막으로 대학은 각종 지식의 전문가들이 결집되어 있는 곳이다. 경찰에 필요한 지식,이를테면 심리학이나 곤충학, 생물학, 화학, 법학 등이 망라되어 전문가나학자들이 상존한다. 경찰교육기관에서 이수할 수 없는 과목은 대학에 위탁하여 일정 학점을 이수토록하고 그것을 근거로 수사관 등급을 부여하는 교육 시스템을 구축하여야 된다고 생각한다. 이미 미국이나 선진국에서는 국가에서 지정된 대학에 일부 학비를 지불하고 수사관들은 각 자신들의 직무범위 내에서 시간을 할애하여 자신에게 필요한 영역의 전문지식과 관련된학점을 취득하도록 하여 인사고과나 승진 등에 적용하고 있다. 위탁교육의장점은 경찰교육기관에서 도저히 소화할 수 없는 전문 지식을 민간교육기관에서 받도록 하여 활용한다는 것이다. 민간교육기관에서의 학점 취득은 수사관 자신에게 차후 큰 자산이 되기도 한다. 장래의 그 분야 전문가들과 교류하고 친교하여 인적자원을 확보하고 그것이 결국 연쇄범죄 등 사건이 발생하였을 시 민간전문가 참여의 형태로 발전되기도 하기 때문이다.

## (4) 과학수사요원 보직 회피 및 과학수사 장비 부족현상

현재 절대 부족한 경찰관의 인력을 해소하기 위하여 정부는 경찰관을 증원하여 준다고 한다. 상당히 고무적인 현상이라고 생각한다. 일단 경찰 전체 인원이 증가하여야 강력범죄, 연쇄범죄를 수행하는 수사관의 인원도 늘릴 수 있기 때문이다. 증원되는 인력을 기반으로 하여, 현재 각 경찰서에 근무하는 과학수사 요원의 수를 2배 정도 증원하여야 한다.

현재 일선 경찰서에는 2~3명의 과학수사 요원이 근무하고 있으며 3부제 근무를 실시하고 있으나 휴가, 병가, 교육 등의 결원이 발생할 시 그들의 근무 정도는 아주 열악하다. 그렇기 때문에 과학수사부서에서 근무하기를 기피하고 있는 것도 사실이다. 최소한 6명 전후로 과학수사요원을 증원하여 상시 근무체계를 구축하여야 할 것이다. 특히 연쇄범죄를 수행하는 범죄분석관, 프로파일러는 절대적으로 부족하다. 현재는 한정된 인원으로 각 지방청에 집중 배치하여 지원 체계로 운용하고 있다. 그러다보니 실제로 각 경찰서에서 발생하는 현장에 모두 임장할 수 없고 아주 중요한 사건, 선택된 사건에 관하여만 집중하고 있는 실정이다. 지방청에 상주하여 거리가 먼 경찰서의 경우는 임장을 꺼리는 현상도 나타나고 있다. 지금보다 최소한 2~3배 정도 프로파일링을 수행할 수 있는 인원을 선발하여 최종적으로는 각 경찰서에 1~2명의 프로파일러가 상주하며 발생하는 사건을 분석 검토하는 것이 필요하다. 프로파일러가 상주한다면 연쇄살인 등 강력사건이 발생하였을 시 즉시 현장에 출동하여 인접서 혹은 국내 다른 서에서 유사한 사건이 발생하였는지 확인을 할 수 있고 동일범에 의한 범행인지 여부를 보다 신속히 판단하여 공조수사 내지는 광역수사로 전환을 할 수 있기 때문이다.

현재 경찰의 과학수사 장비는 장족의 발전을 거듭하여 왔다. 그동안 일선에 지급하지 않던 첨단 기법의 감식장비도 많이 지급하여 수사에 활용되고 있다. 과학수사의 중요성을 인식한 결과라고 생각한다. 그러나 아직도 만족할 만한 수준에는 이르지 못하였다. 여전히 중요한 증거물이나 감식물은 지방청이나 국과원에 의뢰하고 있는 실정이다. 물론, 고가의 장비를 지급하여도 그것을 제대로 운용하는 과학수사 요원이 부재한 탓도 있다.

아주 중요한 증거물을 감식하거나 관리하는 것은 고도의 숙련된 전문가가 일임하여 실시하도록 하는 것은 맞다. 그것은 추후 재판과정에서도 유, 무죄를 다툴 수 있는 중요한 단서이기도 하기 때문이다. 그렇다고 하여도 일선 현장에서 기본적으로 필요한 각종 장비는 신속히 지급이 되어야 한다. 신속한 지급은 물론 새로운 성능의 장비가 개발되면 우선 순으로 교체 지급하여 주어야 한다. 아직까지도 각 일선 경찰서 과학수사팀에서는 디지털 카메라도 그 화소가 현저히 떨어지는 장비를 보유하고 있는 경우도 많다. 다시 말하자면, 과학수사 장비의 신속한 보급과 더불어 새로운 성능의 동일한 장비가 개발되면 신속히 업그레이드 혹은 교체하여 주어야 한다는 것이다.

더 나아가, 하나의 장비로 다양하게 수사 감식 임무를 수행할 수 있는 다목적용 장비를 개발하거나 구입하여 신속히 보급하여야 할 것이다. 수사용도로 사용되는 각종 감식장비, 과학 장비는 결코 개인을 위한 사적 용도의 장비가 아니다. 공익을 위하여 사용되는 국민의 소유인 것이다. 그 투자에 망설임이 없어야 한다.

### 개선방안. 과학수사제도 개선 및 과학 장비 보유확대

수사의 과학화는 연쇄범죄를 해결하는데 있어 필수이며 더 이상 미룰 수 없는 과제이다. 연쇄범죄는 그 양태가 특별하고 다양하며 예측을 손쉽게 할 수 없는 사건으로 연쇄범죄자들의 수법은 쉽사리 파악하기 어렵다. 이들의 특징을 신속히 파악하고 동일성을 판단하여 연관된 사건을 토대로 압축하여 들어가는 수사는 수사관의 개인적인 능력에는 한계가 있을 수밖에 없다.

그렇다면 그 대안은 과학적인 수사이다. 현장에서 발견한 각종 자료들을 과학적이고 합리적인 방법으로 분석을 실시하여 범인의 특성과 타 사건과의 연관성, 공통점을 찾아내고 그 범인의 윤곽을 특정화하여야 한다. 이를 위해 효과적인 과학수사제도 개선에 필요한 몇 가지를 제언하고자 한다.

첫째, 광학적 수사기법(Optical Criminal Investigation Techniques)을 향상시켜야 한다. 최근에는 선명도가 뛰어나고 화소가 높은 광학기계, 즉 디지털카메라 등이 양산되고 그 값도 저렴해졌다. 그러한 장비들을 최대한 활용하는 것을 넘어 과학수사를 담당하는 수사팀은 특별한 주문 형태의 카메라나 장비를 갖추어 범죄현장에서 활용하여야 한다. 최근 휴대폰이 전화 기능을 넘어 다양한 용도로 활용되듯이 과학수사 장비 또한 별도의 예산을 투입하여 다기능적이고, 고성능적인 광학 장비로 확보하여 사용할 필요가 있다. 즉 필요에 의하여 생산되는 주문 생산 형태의 광학장비 예산을 확보할 것을 요구한다. 또한 이미 수없이 설치되어 있는 범죄예방을 위한 CCTV의 활용도를 높여야 한다. 범죄 예방과 검거를 위하여 CCTV를 늘리는 문제는 신중하여야 할 필요가 있긴 하다. 단지 범죄 예방을 위한 목적으로 쓰여야 할 장비가 개인의 사생활을 감시하는 기능을 하도록 한다면 그 부작용은 아니 한만도 못하다는 게 중론이다. 즉, 장비 설치 후 그 관리를 철저하고 완벽하게 통제할 수 있는 시스템을 구축하고 특히 수사기관은 그 관리에 만전을 기하여야 할 것이다. 그 관리에 있어서는 두 가지 형태의 숙지할 사항이 있다. 앞서 기술한 것처럼 장비 설치의 본래 취지를 벗어나는 문제가 있겠으며, 기존의 설치만을 목적으로 하고 일체 관리를 하지 아니하여 무용지물로 전락하는 문제이다. 어느 사건과 관련하여 그 장비를 믿고 있다가 장비의 노후나 고장으로 증거 확보가 어려워지는 경우, 수사 방향에도 큰 혼선을 줄 수 있기 때문이다. 물론 기본적으로 수사관은 동영상 자료를 신뢰하는 것은 금기이다. 기타 동영상 장비는 현장성을 강화한 증거자료로 제시할 수 있다는 이점이 있다. 범죄혐의를 명백히 입증하고 엄정함을 기할 수 있기 때문이다. 장비의 첨단화적인 측면과 더불어 이를 활용하는 수사요원의 활용기술적인 부분에 대한 교육도 전문화 교육을 통해 집중 육성해야 할 필요성이 있다.

둘째, 생화학적인 수사기법(Bio-Chemical Criminal Investigation Techniques)의 토대를 마련해야 한다. 사건 현장에서 채취한 지문, DNA 유전자 분석 등을 단시간 내에 신속히 분석할 수 있는 기술이나 장비의 확보가 시급하다. 또한 수사관들에게 부족한 생화학과 관련 기술이나 정보, 지식을 보강하기 위한 교육을 수시로 실시하여야 할 것이다. 부족한 부분을 습득하게 하기 위하여 관련 기술을 연구하는 기관이나 단체, 대학에 일정 기간 연수를 보내는 것도 생각해 볼 필요가 있다. 현재는 채집된 모든 감식 자료는 국과원에 모두 제공하여 분석을 하고 그 결과를 토대로 수사를 실시하고 있어 분석 기간이 지나치게 장기화되는 폐단이 있다. 그것은 바꾸어 말하면 수사의 신속성을 저해하는 요인이 되고 있다는 뜻이기도 하다. 만약 일정 부분 전문적인 교육기관이나 대학에서 교육을 이수한 수사관이 전문적인 지식을 근거로 국과원에 의뢰치 않아도 적정한 분석이 가능하다면 그만치 사건의 해결은 신속하여 질 것이다. 우리도 일본이나 미국과 같이 간단하고 기초적인 화학적, 생물학적 분석은 수사관들이 직접 가능하도록 요원을 양성하여 각 경찰서 등 수사기관에 배치함으로써 신속한 사건가 가능하도록 해야만 할 것이다.

셋째, 과학수사 전문요원의 선발의 문제이다. 현재 범죄심리분석요원이나 사이버수사요원, 외사수사요원은 별도로 선발하고 있지만 과학수사를 대학에서 공부한 과학수사요원은 선발하지 않고 있는 실정이다. 과학수사는 아니라고 하여도 최소한 생물학이나 화학, 물리학, 사진학, 보건학 등의 전문분야 공부를 한 과학수사요원도 모집하지 않고 있다. 관련학문을 대학이나 대학원에서 전공한 전문 인력을 별도로 채용, 활용함으로써 수사기관의 연쇄범죄사건에 대한 수사역량을 극대화해야 한다. 전문요원을 확보하기 위한 대안을 제시하면 현재 경찰에서 실시하고 있는 간부후보생 선발제도를 전문가 선발제도로 바꾸는 방법도 있을 것이다. 이를 테면, 심리, 물리학, 화학, 곤충학, 사진학 등의 과학수사 관련 학문 전공자 혹은 전문가를 초급간부로 선발, 양성하는 것이다. 또 하나는 현재 경찰대학에 법학과와 행정학과 외 물리, 화학 등 과학수사와 관련된 이화학 계통의 학과를 개설하여 과학수사 전문가를 양성하는 방법도 있을 것이다. 과학수사는 범죄를 구증하고 기소, 재판에 회부하여 유, 무죄를 결정하는 중요한 영역을 담당하고 있으니만치 그 직무를 수행하는 요원의 간부화 및 인력증원의 효과를 기대할 수 있다는 것이다.

## (5) 민간정보 활용 및 언론대응방식의 미숙

경찰에는 수사보안이라는 오래된 관행이 존재한다. 수사관은 자신이 수사하고 있는 사실, 수사 중 지득한 사실을 타인에게 알려서는 당연히 안 된다. 그러나 그 정도가 도를 넘어 수사보안을 위한다는 구실로 도움을 받아야 하는 민간인들과의 관계마저 어렵게 하고 있다. 수사보안이라는 본래의 취지를 오해하여 주민협력의 원칙을 지키지 않고 있는 것이다. 오늘날 다양하게 발생하고 있는 각종 범죄는 경찰 등 수사기관만의 노력으로는 해결하기가 어렵다. 특히 엽기적인 연쇄범죄의 경우에는 범행의 특성상 더욱 그렇다. 연쇄범죄는 어떤 경우 무서우리만치 철저한 계획 하에 범행을 하는 등 아주 체계적인 특성을 가지는 한편, 어떤 경우는 일반 상식의 선에서 판단하기가 도저히 불가능한 비체계적인 범죄 양태도 있다. 그런 연쇄범죄를 해결하려면 민간 협력이 절대적으로 필요하다. 사실 모든 범죄사건의 해결에는 반드시 민간인 및 주변 관련자들의 증언이 존재한다. 민간의 협력이 없는 사건의 해결은 사실상 없다고 보아도 무방하다. 그런데 수사보안이니 사건에 관하여는 단지 수사관만 알아야 한다는 논리로 민간인과의 접촉을 꺼리거나 자발적인 협조를 구하지 아니하고 일방적으로 수사기관에서 필요한 것만을 요구한다면 어느 누구도 알고 있는 사실을 제보하지 않을 것이다. 민간의 자발적인 협조를 구하기 위한 노력이 절실히 요구된다.

다음으로는 대 언론관계이다. 사실 언론은 국민의 알권리를 충족한다는 명분 아래 공익을 도외시하는 경향이 분명히 있다. 특종을 지향하고 선정적이고 자극적인 보도를 내보내고자 하는 성향을 근본적으로 가지고 있다. 그러나 연쇄범죄는 언론이 적극 협조하여 주지 않으면 안 된다. 여과 없는 범행수법 등의 보도는 범인의 검거를 어렵게 하고 선정적이고 극단적인 보도행태는 유사범죄를 유발하기도 하기 때문이다. 사실 어떤 경우에는 본 사건보다 유사범죄가 다발하여 수사력이 분산되는 역작용을 일으키기도 한다. 동일범에 의한 소행으로 보고 수사력을 집중하였으나 검거 후 각 개별적인 유사범죄로 밝혀진 사례는 너무도 많다. 언론과의 관계를 보다 명확히 하여 보도할 것과 보도하지 않을 것에 대하여 협조 관계를 구축하는 것이 절대 필요하다. 언론의 무차별적이고 일방적이며 추측성 보도는 수사를 다른 방향으로 이끄는 부작용도 많으므로 언론과의 관계 설정에 보다 심혈을 기울여야 한다.

경찰에서는 언론 창구를 단일화하여 사건 사고와 관련하여 수사 간부를 지정하여 브리핑을 하고 지방청 단위에는 홍보부서를 중심으로 언론과 협조관계를 구축하고 있으나 수사를 해보지 않은 홍보부서의 경찰관이 가지는 언론 대응방식과 그 시각이 다름으로 인하여 효율적인 언론 대처는 사실상 미흡한 상태이다. 다음으로, 언론의 보도 태도와 관련하여 1차 수사기관인 경찰 수사관의 사기를 꺾는 사회현상이 있다. 잘못된 수사, 안일하고 나태한 수사 등 비난받아 마땅한 경찰수사의 행태에 대해서는 혹독한 비판과 반성을 촉구하는 기사는 얼마든지 가능하다. 그리고 경찰은 마땅히 그 비판을 감수하고 반성하는 태도를 가져야 한다. 그러나 우리나라 언론의 보도 양태는 유독 경찰에게만 인색한 듯하다. 우리나라의 그 어떤 기관도 저지른 잘못보다 훨씬 많이 비난 받고, 심지어는 전체조직원에게 굴욕감마저 느끼게 하는 정도의 비난을 하고 있다. 툭하면 '나사 풀린 경찰', '경찰 왜 이러나?', '경찰 기강해이 도를 넘었다' 등 일일이 나열하기 힘들 정도로 경찰조직 전체를 상대로 비난을 넘어 매도하는 듯 한 제목의 기사를 내보낸다. 경찰관 하나가 잘못한 부분을 전체 경찰의 잘못으로 비난하고 매도하는 것은 절대 긍정적이지 않다. 다른 나라의 언론의 태도는 한사람의 잘못으로 인하여 그가 일하는 조직전체를 비난하는 일이 거의 없다. 우리나라 언론의 그런 보도 양태는 절대 다수의 열심히 일하는 경찰, 수사관들의 사기를 저하시키는데 절대적으로 기여하고 있는 것이다. 오늘날 경찰관 대다수는 언론에 대하여 상당한 피해의식을 느끼고 있으며 그런 현상들은 언론을 회피하는 관습으로 자리 잡고 결국 국민의 알권리를 충족시키기 어렵게 하는 현상을 부추기고 있는 것이다.

### 개선방안 1. 민간협조 활성화 방안

수사기관이 범죄해결을 위하여 가장 중요한 요소 중 하나가 시민들의 제보 유도이다. 현재는 연쇄범죄사건과 관련하여 시민들의 제보가 너무 없다. 모든 범죄해결이 그렇듯이 수사 및 범인의 검거는 수사기관의 힘만으로는 어렵다. 적극적인 국민들의 신고나 제보, 협조가 절대적으로 필요하다. 그럼에도 아직까지 국민들의 시선은 '사건 해결은 경찰 등 수사기관이 하는 것이다.' '괜시리 남의 일에 관여하여 피해를 볼 수 있다.', '범인에 의하여 보복을 받을 수 있다.', '남의 일에 내가 왜 귀찮게 불려 다니며 진술을 하느냐?'는 등의 생각을 가지고 있어 신고나 제보를 회피하는 현상이 만연되어 있다. 언젠가 자신도 범죄의 피해자가 될 수 있다는 생각은 하지 않는다. 개인주의가 만연한 나라들이 공통적으로 겪고 있는 사회현상이 우리나라에도 고스란히 적용되고 있는 것이다. 이래서 수사기관의 신고 유도, 홍보는 의미를 지닌다. 범죄를 예방하고 검거하기 위한 목적도 있지만 신고, 제보가 더불어 편안하게 살아가는 나라를 만든다는 의식을 심어줄 수 있기 때문이다. 더 나아가 정의의 실현은 우리 모두를 위한 것임을 인식시키는 결과도 불러올 수 있을 것이다.

민간인의 자발적인 협조는 수사기관과의 신뢰가 형성되었을 때 가능하다. 수사 중인 사안을 구체적으로 발설할 필요는 없다고 하여도 질문하는 취지, 협조를 요구하는 이유 등을 명확하게 전달하고 진지하게 접근하여 자발적인 협조를 유도하여야 하는 것이다. 나아가서는 협조한 사실에 관하여 어느 누구도 알지 못하게 보안을 유지하여 주는 것도 필요하다.

### 개선방안 2. 언론대응대책 강구

다음으로 경찰수사 혹은 경찰조직에 대한 언론의 보도태도의 문제이다.

경찰관 개인이 직무와 연관 없는 사생활 과정에서의 일탈행위에 대하여 전체 경찰조직을 비난하는 보도 양태는 지양되어야 한다. 일탈한 개인을 비난할지언정 그가 속한 조직을 싸잡아 비난하여서는 안 된다는 것이다. 그러한 언론의 무분별한 보도 태도로 인하여 전체 경찰의 사기를 떨어뜨리고 급기야 안일무사(安逸無事)한 근무 행태를 만연하게 한다는 점을 잊어서는 안 된다. 물론 이러한 현상은 대한민국 경찰의 생성과정과 군부독재 등의 역사를 지내오면서 경찰에 대한 불신이 기본적으로 존재하고 있을 것이다. 또한 늘 사건 사고에 대하여 쉬쉬하며 감추기에 급급했던 관행이 일정 부분 작용한 결과라고 생각된다. 다음으로 언론의 보도가 범죄에 미치는 영향에 대한 문제이다. 오로지 특종을 잡기 위하거나 선정적이고 자극적인 보도로 관심을 끌기 위해서 다른 부작용은 전혀 고려하지 않고 있다는 점이다. 그 결과로 가장 문제가 되는 것이 수사기법의 유출이다. 범인을 검거하는데 있어 수사기법은 수사관들의 생명과도 같이 중요하다. 그러한 수사기법을 무작위로 보도하여 장래의 범죄자들이 범행을 은폐하는데 유용하게 사용되는 것은 정말 큰 문제이다. 물론 이러한 수사기법을 언론에 제공하는 어리석은 수사관들의 문제점도 지적하지 않을 수 없을 것이다. 아무리 특종을 위한 것이라고 하여도 공익에 반하는 보도 태도는 지양하여야 한다. 기자의 직업윤리를 기대해 본다.

경찰은 국민의 알권리를 늘 인식하고 공개할 사건과 공개하지 않을 사건을 구분하고 어떠한 경우에도 국민이 이로운 방향에서 언론을 대하는 태도의 대전환이 요구된다. 경찰 내부적으로는 언론 창구 역할을 하는 홍보부서에 수사관 출신이 반드시 참여하여 언론을 상대할 수 있도록 조치를 취하는 것도 바람직할 것이다.


## (6) 전담부서 부재 및 민간전문가 활용 미비

연쇄범죄는 각기 다른 시간과 다른 장소에서 발생한다. 동일한 장소에서 동시다발로 발생하는 사건은 연쇄범죄가 아니기 때문이다. 사건이 발생하면 각 관할을 달리하는 수사관들이 수사에 착수한다. 수사를 진행하면서 인접 관할지역에서도 유사한 사건이 발생할 수 있다. 그런 경우 당연히 자신들이 수사하고 있는 사건의 범인과 연관성이 있는지 확인을 하게 된다. 그러나 수사관의 특성은 가능하면 동일범에 의한 소행이 아니길 바라고 실제로 유사한 수법을 확인하도고 그것을 밝히기를 꺼려한다. 사건이 확대되고 주목받는 것을 회피하는 현상이 발휘되는 것이다. 결국 그 사건이 동일범에 의한 범행인 것으로 확인되기 전까지 사건이 발생한 지역의 관할 수사관들은 사건을 은폐하기에 급급한 관행이 있다. 그러다보면 일선의 경찰서에서는 동일범의 범행이 명백함에도 사건관련성을 부정하고 상호 협조를 회피하여 공조수사를 하지 않는 부작용이 나타나기도 한다. 공조수사는 효율적인 사건 수사의 필수 조건이다. 더 나아가 수사관이나 수사기관의 의무이기도 하다. 경찰서들 간의 공조 등을 효과적으로 유지하려면 상급부서의 역할이 보다 중요하다. 하부 수사기관 간의 업무의 조정, 분담 등에 확실한 원칙을 확립하고 사건 해결 후의 공과를 명확히 하는 시스템의 구축이 필요하다.

그동안 공조수사의 부재로 인하여 연쇄범죄를 단순한 일반사건으로 분류했기 때문에 실패한 사례는 부지기수다. 일반사건으로 수사중이던 사건이 뒤늦게 연쇄범죄로 밝혀진 경우도 파다하다. 대표적인 것이 연쇄살인범인 유영철 사건이다. 유영철이 4차례 범행하여 무려 8명이 목숨을 잃을 때까지 각 관할 경찰서가 제 각각 수사를 진행하는 오류를 범하였고 그동안 유영철은 서울 전역을 누비면서 20명의 무고한 사람들을 살해하였고 토막낸 시신을 야산에 묻어 유기하는 등의 범행을 하였다. 또한 경찰은 구기동 사건과 신사동 사건의 둔기 및 흉기가 다르고 족적이 다르다는 이유로 동일범으로 보지 않았다. 만일 두 사건의 동일성을 처음부터 의심하였으면서도 사건이 확대되어 주목을 받는 것을 꺼려하여 그와 같이 공조수사에 소극적이었다면, 국가기관의 국민에 대한 명백한 직무유기 행태라고 할 것이다. 이런 사태를 방지하기 위해서라도 반드시 다른 관할, 연관된 사건 등에 대하여 조정하고 통제하는 전담부서를 신설하여 상시적으로 운영하여야 한다.

다음은 사건과 관련하여 민간전문가를 활용하는 문제이다. 발생한 사건과 관련한 전문지식을 가지고 있는 전문가, 그 분야에 연구를 하여 온 학자, 교수 등이 해당될 것이며 더 나아가는 동일한 범죄를 이미 결행했던 범죄사건의 경험자도 포함이 될 것이다. 특히 전문가나 학자, 교수 등의 조언은 현장만을 중시하는 수사관의 선입견이나 예단을 방지하여 줄 수 있다. 각 지역사회의 관련된 지식인, 전문가, 학자, 교수 등의 적극적인 협조를 끌어낼 수 있다면 그 이상의 효과적인 수사는 없을 것이다. 또한 그들의 참여로 얻어지는 수사 과정상의 신뢰 구축 또한 참으로 그 의미가 크다고 할 것이다.

수사 과정상의 적법절차, 인권의 문제 등에 대하여 보다 확실한 신뢰성을 구축할 수 있다는 것이다. 수사과정의 인권문제와 관련하여 그토록 비난을 받으면서도 수사 초기 단계에서부터 이러한 부분에 대하여 고민하지 않고 있다는 사실이 대단히 유감스럽다.

### 개선방안 1. 전담부서 상설화

연쇄범죄사건 같은 대형 범죄사건을 전담하는 부서의 상설화가 요구된다. 연쇄범죄가 자주 일어나지 않기 때문에 구태여 전담부서를 만들어 운영할 필요가 없다는 생각과 만일 전담부서를 상설화하게 되면 연쇄범죄사건이 발생하지 않는 평소에는 그 부서의 직원들의 임무가 없다는 이유로 인력의 낭비라는 개념은 기우에 불과하다. 그 전담부서의 수사관들은 평소에는 이미 발생한 사건들을 토대로 연구 자료를 수집하고 분석하여 새로운 수사기법을 연구하고 개발하면서 연구부서로서의 직무를 수행하면 되는 것이다. 그리고 사건이 발발하면 바로 투입되어 각 지역 경찰을 통제, 역할 분담하도록 권한을 주는 등 공조수사를 강화하고 중구난방식의 수사과정을 하나로 통합하여 효율적인 수사를 할 수 있도록 하는 것이다.

현재의 중요 강력사건이 발발하면 수사전담반을 편성하여 한시적으로 활용하는 시스템은 연쇄범죄수사에는 그 실효성이 없다. 1회성으로 범죄가 정리되고 범인이 도피 중인 사안이라면 수사전담반을 편성하여 한시적인 집중수사가 가능할 것이다. 그렇지만 연쇄범죄는 분명히 냉각기를 가지며 어떤 경우에는 그 기간이 길게는 1년 이상을 유지하는 경우도 있다는 것을 참고하여야 한다. 반드시 연쇄범죄 전담부서를 상설화하여 유지할 필요가 있다.

### 개선방안 2. 민간전문인력 활용

다음으로 연구자는 일선 수사관의 경험을 통하여 수없이 제언을 하였는바, 민간 전문가들을 활용한 과학수사이다. 각 지역의 경찰행정학과, 심리학과, 범죄학, 범죄심리학, 법의학, 곤충학, 이화학계통의 교수나 학자들을 적극적으로 활용하여 범죄수사 초기 단계에서부터 참여케 하여 도움을 받아야 한다. 이는 민간이 참여하여 사건에 도움을 주는 것은 물론 그 수사의 신뢰성을 확보한다는 효과도 있다. 전국적으로 약 500여명이 넘는 범죄학, 범죄심리학 강의교수들이 있지만 이들마저도 현장에 참여하는 경우가 거의 없다. 선진국인 EU 국가나 미국에서는 전문가들이 자발적으로 참여하고 수사기관은 그들의 전문성을 활용하여 사건을 해결하는 사례가 정립되어 있다. 현재 우리나라는 이와 같은 시도를 하고 있지 않다. 이 문제를 수사기관에서 적극적으로 검토하지 않는 이유는 진행 중인 사건에 관하여 수사 보안을 해할 수 있다는 우려이다. 그러나 그것은 기우에 불과하다. 진행되는 사건을 비밀에 부치고 수사상황의 보안을 유지하는 것은 당연한 것이지만 그것은 참여하는 학자들과 충분히 협의가 가능하고 통제가 가능한 일이다. 하나 더 경계할 점은 사건의 해결보다는 그 사건 해결의 공을 독점하려는 자세를 견지하는 수사기관의 태도이다. 어차피 민간이 참여하여 협조함으로써 그 사건을 해결하는 결정적인 단서를 제공하였다고 하여도 그 사건 해결의 공은 어차피 수사기관의 몫이다. 그런 부분에 관하여 지나친 경계심은 사건을 해결하는데 있어 더없는 장애요인이 되는 것이다. 위와 같이 학자나 교수, 전문가 외에 범죄를 저지르고 그 죄를 치른 후 일상으로 돌아와 선량한 국민으로 살아가는 사람들을 활용하는 방법도 있다. 본래 근대 최초의 형사는 프랑스의 절도범이었다. 절도범만치 절도 수법, 절도범의 심리 등을 잘 아는 사람은 없다. 그런 범죄 경험이 있는 사람을 활용한다는 것은 사건해결에 효과적이다. 물론 이미 범죄로부터 완전히 벗어난 상황에서 자신이 과거에 저질렀던 자신의 범행사실을 기억하고 싶은 사람은 없을 것이다. 이 제도가 난관에 봉착한다면 바로 그 점 때문일 것이다. 범죄자들로부터 자문과 조언을 구하는 제도는 이미 미국에서 1800년대부터 시작되었으며, 심지어 수사관으로 임명하여 자신이 전문적으로 저질렀던 범죄행위를 적발하고 범죄자를 검거하고 있다. 그들을 효과적으로 활용하려면 별도의 인센티브를 주거나 은밀한 협조 방법을 구축하고 그들과 접촉하는 수사관도 한정하여야 할 것이다. 만일 설득이 가능하다면 활용할 인원들에 대하여 자신이 저지른 범죄행위로 인하여 피해를 당한 사람들에 대한 사죄는 물론 사회적 반성과 기여라는 차원에서 자발적으로 조언이나 협조할 것을 요구할 수도 있을 것이다.

## (7) 범죄피해자 보호 소홀

오늘날은 국가가 형사절차의 주체가 되었고, 국가는 가해자에 대한 기소, 재판, 형의 집행에 대하여 주도권을 가지게 되었으며 상대적으로 범죄피해자는 자신의 의사를 반영할 수 있는 직접 참여의 기회가 감소되게 되었다.

즉, 형사절차에 있어서 피해자는 자신의 피해에 대한 수사, 재판, 처벌 과정에서 소외되기 시작하였고 국가 역시 피해자의 피해 회복보다는 가해자를 검거, 기소, 처벌하는데 주력하기 시작하였다. 피해자는 자신과 관련한 직접 당사자이면서도 가해자의 범죄를 구증하는데 참고인 같은 존재가 되어 버렸다. 그런 이유들로 인하여 2차 피해가 양산되기 시작하였다. 이러한 문제점들을 인식한 영국이나 일본 등 일부 국가에서는 피해자의 권리에 관하여 연구를 시작하였고 우리나라도 일부 법학자, 사회학자, 심리학자 등을 중심으로 연구를 진행하였으나 아직까지는 그 성과가 극히 미미한 편이다.

범죄피해자들은 공통적으로 겪는 부작용으로는 무기력증, 성욕감퇴, 신뢰상실, 의심증의 증가 등이 있다고 한다. 이런 증상들은 피해자의 정상적인 삶을 방해하고 더 나아가 그 가족들에게까지 영향을 미쳐 그 해악이 사회적으로 문제가 되기도 한다. 앞으로 수사기관은 범죄자의 검거, 기소, 처벌에만 신경을 쓸 것이 아니라 범죄피해자의 보호에 심혈을 기울여야 한다. 일반적으로 범죄피해자 보호에 관하여는 가해자로부터 피해자의 신변보호 조치가 전부인 것으로 생각하는 경향이 있으나 사실상 범죄피해자 보호조치는 치료, 상담연계, 피해의 신속한 회복조치 등 다양하다. 그만치 경찰 등 수사기관이 피해자를 위하여 하여 주어야 할 일들이 많음에도 일선 수사기관들은 범인의 검거에만 치중하는 현상이 있음을 부인할 수 없다.

### 개선방안. 피해자 보호대책 적극 실천

범죄피해자와 관련하여 수사기관은 피해자 신변보호 등에 최선을 다하는 한편, 그 피해정도를 신속히 파악하여 상응한 피해회복조치를 해주는 등 피해자의 인권을 보장에 노력하여야 한다. 가해자나 피해자나 인권에 있어 경중을 가릴 것은 아니나 오히려 소홀하게 취급되는 피해자의 인권에 좀 더 관심을 기울일 때가 왔다는 것이다. 수사기관 특히 1차 수사기관인 경찰은 피해자를 위하여 현장에 신속히 출동하여 가해행위를 중단시키고 피해자를 구호하는 등의 조치를 취하여야 하며, 필요하면 의료기관과의 연대를 통한 의료서비스나 전문가에게 의뢰하여 심리상담 등을 연계하여 주어야 한다. 그 외에도 피해자를 지원하는 기관이나 단체와 연계하여 지원책을 강구해야 할 것이다. 또한, 피해자에게 피해자의 권리를 고지하고 형사절차 진행 상황 등을 수시로 알려주는 등 사건과 관련한 정보를 제공하여야 하며 수사, 공판절차 등을 진행하는 과정에서는 피해자의 신변보호를 철저히 하여 주어야 한다. 그리고 무엇보다 피해를 신속히 회복할 수 있도록 최대한 노력하여야 한다. 이런 일련의 과정을 진행하면서 가장 주의하여야 하는 사안은 수사과정에서 언행 등의 실수로 피해자의 마음에 상처를 주거나 부담을 느끼게 하여 2차 피해가 발생하지 않도록 하여야 한다.

수사기관은 오로지 범인의 검거에만 매진하는 것이 최선이라는 생각은 금물이다. 조사에 의하면 피해자들은 범인의 검거보다 자신이 당한 피해 회복에 경찰 등 수사기관이 최선을 다할 때 그 만족도가 월등히 높았다고 한다. 특히 연쇄범죄의 피해자 및 그 가족 구성원들의 피해는 상상을 초월한다. 잔혹한 범행 등으로 인하여 피해자 및 그 가족 구성원들은 신체적으로나 정신적으로 엄청난 충격에 휩싸여 정상적인 사회생활을 할 수 없는 지경에 이른다는 것은 이미 연구에 의하여 증명되었다. 연쇄범죄의 특성으로 인하여 자신이 당한 피해와 똑같은 피해상황이 연일 이어질 때 피해자의 충격은 좀처럼 해소되지 않는다는 점을 고려하여 신속한 범인의 검거 및 피해자 보호 관리에 최선을 다하여야 하는 것이다.

현재 많은 나라들이 피해자 및 그 유족을 위하여 경제적인 피해회복과 정신적 충격의 신속한 치료, 완화를 위하여 국가피해자보상(지원)제도를 운영하고 있다. 우리나라도 이미 위와 같은 국가보상(지원)제도를 두고 시행을 하고 있기는 하나 그 보상 금액 등이 현실에 맞지 않는 경우가 많고 신청 절차가 복잡한 것은 개선하여야 할 것이다. 가능하다면 피해자를 위한 '피해자 지원 협의체'를 보다 활성화하여 간편한 절차로 현실적인 지원 및 보상을 받을 수 있도록 하여야 한다.

# 새로운 형태의 범죄에 철저하게 대비하기 위하여

연쇄범죄란 용어는 어쩌면 아직까지는 우리 사회에서는 생소한 느낌이 드는 것도 사실이다. 연속적으로 일어나는 연속범죄와도 다르고 한 장소에서 여러 명을 상대로 범행하는 다중범죄와도 다르며, 연속범죄와 다중범죄가 합쳐진 양태의 난동범죄와도 또 다르다. 연속범죄나 다중범죄, 그리고 난동범죄 역시 그 피해가 막대하고 사회적인 충격을 주는 대형사건임에는 분명하다. 그러나 범행의 지속성이나 은폐성, 잔인성, 예측불허성을 수반하는 연쇄범죄로 인한 충격은 더욱 심각하다. 연쇄범죄에 있어 '연쇄'란 수식어를 구태여 범죄 앞에 붙이는 이유를 생각해 보아야 한다.

우리나라도 이미 유영철이나 온보현, 지존파, 막가파 같은 연쇄살인범들을 경험하였다. 또한 사례에서처럼 속칭 '발바리'로 불리는 연쇄강간범죄자들의 악랄한 범행을 목격하기도 하였다. 사회에서 소외된 사람들, 사회에 대한 불만을 가진 사람들이 자신들의 비뚤어진 욕구를 분출하는 수단으로 타인의 재물 등에 대해 무작위로 불을 지르는 연쇄방화사건 또한 적지 않았다. 이런 현상들로 인하여 국민들이 공포에 떨며 불안감을 느꼈고 연쇄범죄를 전담하는 1차 수사기관인 경찰은 조기 검거의 실패로 인하여 국민들의 비난을 수없이 받아야만 하였다. 치안에 대한 신뢰는 땅에 떨어져 법에 대한 불신과 급기야는 법 경시 풍조마저 만연하는 일이 발생하기도 하였다. 유사한 범죄가 기승을 부리고 한 곳으로 집중되는 수사력의 공백을 틈탄 강력사건들이 빈발하는 부작용도 많았다. 경찰 등 수사기관은 그런 사건을 접할 때마다 허둥대며 각종 대책들을 쏟아냈지만 일정 기간 시간이 경과하면 또 언제 그런 일이 있었냐는 듯 잊곤 했다.

수사기관의 수사는 결국 사후약방문(死後藥方文)인 것은 분명하다. 할 수만 있다면 사전에 범죄를 예방하고 근원을 차단하는 것 보다 좋은 것은 없다. 그러나 범죄는 언제나 발생하고 수사는 늘 범죄를 뒤따르는 것은 필연이다. 범죄의 예방과 수사는 동전의 앞면과 뒷면 같아서 결국 하나이다. 어느 것이 중요하다고 단정할 순 없다. 신속한 범인 검거 역시 적극적인 범죄예방의 한 방법이기 때문이다. 특히 연쇄범죄는 한 번 발생하면 그 해악이 엄청나므로 조기에 검거하는 것이 절대적으로 필요하다. 현재 우리나라의 연쇄범죄 수사는 아주 미진하다. 제대로 된 수사기법이 존재하지 않고 관련된 학문이나 이론도 우리나라에 딱 들어맞는 모델이 개발되지는 않았기 때문이다.

이 책을 집필하는 과정에서도 수없이 느낀 점이지만 어떤 통계나 이론은 우리나라의 정서로 이해를 하기에는 힘든 부분들이 많았다. 각 나라마다 고유한 민족적, 문화적인 정서가 존재하기 때문에 무작정 그들이 먼저 연구를 시작하였다고 하여 여과 없이 받아들이기에는 무리가 있었다는 것이다. 외국의 사례를 참고로 하되, 우리나라에 맞는 모델로 재설정하여 해석하고 분석하는 노력이 꼭 필요하다는 결론에 이르렀다. 그래서 외국의 사례를 소개, 분석하되 되도록 우리나라에서 발생한 범죄사건을 중심으로 문제점을 도출하고자 하였다.

그 과정에서 대표적인 몇 가지 문제점을 발견하였는데, 사회적인 현상을 제외하고라도, 수사제도론적 측면에서는 예전부터 늘 문제가 되었던 내용들이 여전히 존재하였다. 이를테면 수사장비의 부족, 수사예산의 부족, 수사관 양성과 교육의 문제, 수사제도나 수사지휘 시스템의 문제, 수사관의 자질의 문제 등 이었다. 그동안 여러 가지 사건을 접하고 경험하였음에도 수사제도론적인 측면에서는 여전히 미흡하였다는 것이다. 물론, 일부 뜻있는 사람들로 인하여 어떤 분야는 상당히 진전이 있는 부분도 있었다. 오로지 자신의 직무에만 전념하여 열악한 환경 속에서도 연구를 게을리 하지 않아 새로운 기법을 개발하고 이론을 정립하는데 애쓰신 분들의 노력은 감탄할 만하다. 특히 과학수사 분야에서 그런 노력을 하는 수사관들이나 연구원 등이 많았다.

그래서 그분들의 노력에 이어 필자도 연쇄범죄를 예방하고 범인을 조기에 검거하기 위하여 몇 가지를 제언하고자 한다.

첫째, 연쇄범죄의 발생을 억제하기 위하여 사회현상을 연구하는 학자들의 부단한 노력과 그것을 뒷받침하는 국가의 관심제고를 요망한다. 빈익빈부익부(貧益貧富益富)의 현상은 자본주의 사회에서 필연이다. 그러나 그러한 현상들이 수없이 많은 사람들을 사회에서 소외시키고 불만을 갖게 하며 급기야 분노로 작용하여 아무 이해상관이 없는 사람을 무차별 공격하는 범죄로 진행되고 있다는 점을 인식하여야 한다. 물론 학자나 연구자들이 아무리 사회 병리현상을 지적하고 대안을 제시하여도 정책을 입안하고 대안을 제시하는 입법자들이나 정책 실행자들의 관심이 없다면 공허한 메아리 내지는 죽은 이론으로 정리되고 말 것이다. 국가에서는 적극적으로 연구 활동을 지원하고 연구 결과를 반영하여 대안을 만들고 시행하는데 주력하여야 할 것이다. 이론이 없는 실무는 없고 실무에 유용하지 못한 이론 또한 죽은 담론에 불과하다. 지금부터라도 연쇄범죄 등 심각한 범죄현상에 대한 국가의 지대한 관심이 절실히 요구된다.

둘째, 수사경찰의 수사의지 고양을 위한 교육제도 확립이다. 연쇄범죄가 발생하면 그것을 수사하고 검거하는 것은 수사경찰이다. 여러 가지 문제점들을 뒤로 하고, 수사경찰은 자신이 맡은 사건에 대하여 최선을 다하여야 한다. 수사관 각 개인이 사건을 꼭 해결하고 말겠다는 의지 여하에 따라 그 사건 해결의 성패가 90% 이상 좌우된다. 거의 모든 수사관들이 자신에게 부여된 사건의 해결을 위하여 노력하고 있기는 하나 그렇지 않은 일부 수사관들의 근무행태는 종합예술 같은 수사과정에 악영향을 제공하여 결국 사건 해결을 망치고 만다. 수사과정에서 수사의지가 미약하거나 수사의지를 상실한 수사관의 근무행태는 그 사건의 해결을 위하여 차라리 없는 것만도 못한 경우도 많다. 그래서 수사관들의 수사의지를 고양하는 대책을 마련하여야 한다. 현재로서는 교육밖에는 대안이 없다. 경찰수사연수원 등 재교육 기관의 교육 내용을 내실 있게 운영하여 수사관으로서의 초심을 일지 않도록 하여야 할 것이다.

셋째, 경찰 내 수사경찰 독립 등 시스템의 문제이다. 이 문제는 수사관의 사기와 직결되는 사안이기 때문에 매우 중요하다. 현재의 경찰은 행정경찰과 사법경찰(수사경찰)로 양분되어 있다. 이런 시스템 하에서 행정경찰인 경찰서장이 사법경찰을 지휘하는 것은 분명히 문제가 있다. 최초 범죄가 발생하면 1차적으로 경찰서장을 중심으로 초동수사를 진행하기 때문에 경찰서장의 역할은 아주 중요하다. 행정경찰인 경찰서장은 지역 내의 수사만을 전담하는 것이 아니다. 경비, 교통, 경무, 생활안전, 정보 등 모든 직무를 책임진다. 직무의 특성상 관내 여러 사람들과 교제하고 어울리기도 한다. 적정한 인간관계가 성립되고 이른바 안면이 형성된다. 이런 행정경찰이 사법경찰을 지휘하는 것은 여러모로 적절하지 않다. 더구나 행정경찰인 경찰서장이 자신의 인사권과 진급 등에 절대적인 권한을 갖고 있는 현 상황에서는 더욱 그렇다. 이런 요인들이 수사경찰의 사기를 떨어뜨리는 주요한 원인으로 작용하기도 한다. 경찰에서는 이런 문제점들을 해소하기 위하여 수사경과자에 한해서 특별한 이유가 없는 한 수사부서에서 근무를 하도록 하고 있으나 크게 실효성이 있다고 볼 수는 없는 실정이다. 단지 인사권만을 제한하는 소극적인 형태의 신분보장에 불과하기 때문이다. 점진적으로 수사경찰(사법경찰)과 행정경찰의 지휘체계, 소속 등을 명확하게 분리하는 방안을 모색하여야 할 것이다. 다만, 이 부분은 국가수사본부 체계로 이원화 하는 방안이 이미 논의되고 있다.

넷째, 예산이 수반되는 문제에 관하여 본 논문에서 중점적으로 논할 것은 되지 못하나, 필수적인 수사예산에 관하여는 언급하지 않을 수 없다. 최소한 도 수사관을 교육하는데 들어가는 예산은 충분히 확보되어 집행되어야 한다. 새로운 수사기법을 연구하고 새로운 이론을 학습하며 선행 사건을 분석하여 문제점을 파악하는 등의 수사관들에 대한 교육은 부단히 이루어져야 한다. 또 반드시 필요한 실험은 할 수 있도록 소모성 기자재도 무한 제공하여야 한다. 또한 우수한 학자나 연구자, 수사관 등 강사진을 동원하여 내실 있는 교육을 실시하도록 하여야 한다.

다섯째, 경찰교육기관의 전문성과 내실 있는 운영의 문제이다. 전문성을 확보하고 내실 있는 경찰교육을 위하여 무엇보다 경찰교육기관의 책임자를 반드시 현직 경찰관 중에서 선발, 임명하는 것에 대하여 신중히 검토할 때가 되었다. 교육은 지속성이 생명이다. 각 교육기관마다 교육 컬리큐럼이 정하여지면 간단없이 거기에 맞는 교육이 진행되어야 한다. 그러나 현재 경찰 교육기관의 책임자는 기껏해야 임기가 1년 남짓이다. 부임 후 3~4개월 동안 자신의 교육철학을 설파하고 계획을 세우고 진행하다보면 얼마 되지 않아 다른 부서로 발령이 나고 만다. 그런 이유들로 인하여 경찰 교육기관의 교육 일정, 시스템은 지극히 불안정하다. 더구나 현직 경찰신분의 책임자들이 교육의 전문가인 경우는 거의 없다. 교육은 교육 전문가가 책임자가 되어야 한다. 꼭 현직 경찰신분의 경찰교육기관 책임자를 보임하여야 할 것인지 논의할 필요가 있다고 본다. 민간에서 교육 전문가 등을 특채 등의 형태로 선발하여 경찰교육기관의 책임자로 일정기간 보임한다면 좀 더 전문적이고 효율적인 경찰교육이 이루어질 것으로 사료된다.

여섯째, 수사관이 취급한 사건과 관련하여 수사관의 심리치료를 신설하여 줄 것을 요망한다. 수사관도 인간이다. 그렇다보니 수사관이 직접 담당하여 피살된 수많은 피해자를 발굴하여 감식하면서 충격을 받을 수가 있다. 그 수법이 잔인하고 시체를 처리한 방법이 지극히 잔혹한 경우에는 그 사건을 수사하는 수사관도 충격을 받는다는 것이다. 일단 사건을 해결하고 난 이후에도 수사과정에서의 잔혹한 범죄방법, 시체의 처리방법 등이 한동안 뇌리 속에서 사라지지 않게 된다. 범죄 유형별로 그 사건을 담당하였던 수사관에 대한 심리치료를 반드시 해주어야 된다고 생각한다. 외국의 경우, 대형 살인사건 등을 해결하고 나면 반드시 그 담당 수사관들을 상대로 심리치료를 실시하고 있으나 현재 우리나라는 그런 제도가 제도화되지는 못하였다. 그나마 최근 일부 경찰관들을 대상으로 한정적이지만 심리치료를 제공하고 있어 다행이나 향후 전체 수사관의 심리치료를 법률적으로 제도화하기를 기원한다.

일곱째, 전문 인력에 대한 별도의 청사진이 필요하다. 현재 실시하고 있는 과학수사요원, 범죄심리분석요원 등 전문 인력을 별도로 관리하여야 한다. 가능하면 선발과정부터 개입하여 전문적인 영역에서 활동하는 수사관들을 확보하고 관리하도록 하여야 한다. 애초부터 각 대학에서 곤충학, 사진학, 화학, 법의학 등을 전공한 자원을 모집하고 그들을 활용하는 제도적인 방안마련이 시급하다. 특히 입직 후 일정기간이 경과하면 의무복무기간이 해제되어 다른 부서로 이동할 수 있도록 되어 있는 현재의 경찰 내 규정을 바꿀 필요성이 있다. 입직은 범죄심리분석요원으로 하였으나 막상 경찰조직에서 근무하다보니 계급의 한계, 직권, 업무의 난이도(열악함) 등으로 자리를 옮기고 싶어 하는 현상이 되풀이 되고 있는 것은 매우 안타까운 일이다. 범죄심리분석요원 같은 특수한 직무를 수행하는 요원들에 대한 근무 여건을 획기적으로 개선하고 그 분야에서 일하고 있음을 자랑스럽게 생각할 수 있는 각종 인센티브를 제공하여야 한다.

마지막으로, 여기서 다룰 사안은 아니지만 수사에 관하여 책임과 권한을 분명히 하는 법률적인 개선방안도 분명히 필요하다. 즉, 수사권의 분점의 문제이다. 권한의 집중이나 견제 등을 뒤로 하고라도 수사의 효율성을 기하기 위해서는 반드시 수사의 권한과 책임의 소재를 가리는 것은 당연하다. 경찰 수사관들 사이에서는 모든 수사에 대하여 권한은 검찰이 가지고 있음에도 수사에서 실패를 하였을 때는 그 모든 책임을 경찰이 지고 비난받는 것에 대하여 자조감을 느끼게 된다는 냉소적인 시각이 있다. 수사에 관하여 모든 권한은 검찰이 소유하고 비난은 경찰이 받고 있는 양상에 대하여 피해의식이 팽배하여 있고 그것은 일선 수사관들의 사기에 직접적으로 영향을 미치고 있는 것이다. 개정된 수사권조정이 일정 부분 이 부분을 해소해줄 것을 기대한다. 그리고 본문에서 제시한 언론 대응의 문제, 민간을 수사에 참여토록 협조를 받는 문제, 범죄경력이 있는 사람들을 활용하는 문제 등도 신중하게 검토가 되기를 기대한다.

위에서 제시한 모든 사안들은 결국 연쇄범죄가 발생하면 신속히 수사에 착수하여 조기에 범인을 검거할 수 있는 여건의 조성 및 수사 효율성을 기하기 위함이다. 다시 말하지만, 연쇄범죄는 이제 더 이상 남의 나라에서만 발생하는 특정한 부류의 범죄 양태가 아니다. 이미 우리나라에도 수없이 많은 사건들이 발생하였고 경험하였다. 그 수사과정에서 공조수사의 미흡으로 막을 수 있었던 피해자의 희생을 막지 못한 사례도 있고 조기에 검거할 수 있었던 사건을 공명심으로 놓쳐 범인이 더 많이 활개 치며 새로운 범행을 하는 것을 목격하기도 하였다. 그런 것들은 허술한 경찰교육기관 운영, 꼭 필요한 수사제도의 미비, 반드시 확보되어야 하는 각종 과학수사장비의 불비 등 총체적인 문제점들을 해결하지 못한 결과이다. 범죄는 진화한다. 앞으로 전개될 새로운 형태의 범죄에 철저히 대비를 하여야 한다. 위에 나열한 각종 문제점들을 다시 한 번 검토하고 지금이라도 실현 가능한 사안부터 즉시 실행에 옮겨 연쇄범죄를 예방하고 신속한 범인의 검거로 국민들의 평안한 삶을 보장하여야 할 것이다.